Creative Practice in Municipal Territorial Spatial Planning

Retrospect and Thinking about Territorial Spatial Planning for Pizhou City 2021-2035

2021

《邳州市国土空间总体规划（2021—2035年）》回顾与思考

2035

邳州市自然资源和规划局　北京清华同衡规划设计研究院有限公司　江苏省土地勘测规划院　编著

清华大学出版社

北京

图书在版编目 (CIP) 数据

县级国土空间总体规划创新实践:《邳州市国土空间总体规划
（2021—2035 年）》回顾与思考 / 邳州市自然资源和规划局 , 北京
清华同衡规划设计研究院有限公司 , 江苏省土地勘测规划院编著 .
北京 : 清华大学出版社 , 2024. 11. -- ISBN 978-7-302-67498-6

Ⅰ . F129.9

中国国家版本馆 CIP 数据核字第 2024RU0910 号

责任编辑：张　阳
封面设计：吴丹娜
责任校对：薄军霞
责任印制：杨　艳

出版发行：清华大学出版社
　　　网　　　址：https://www.tup.com.cn, https://www.wqxuetang.com
　　　地　　　址：北京清华大学学研大厦A座　　　　　　邮　　编：100084
　　　社 总 机：010-83470000　　　　　　　　　　　　邮　　购：010-62786544
　　　投稿与读者服务：010-62776969, c-service@tup.tsinghua.edu.cn
　　　质量反馈：010-62772015, zhiliang@tup.tsinghua.edu.cn
印 装 者：小森印刷（北京）有限公司
经　　销：全国新华书店
开　　本：210mm×285mm　　　印　　张：11.25　　　字　　数：206千字
版　　次：2024年12月第1版　　　　　　　　　　　　印　　次：2024年12月第1次印刷
定　　价：169.00元

产品编号：108196-01　　　　　　　　　　　　　　　　审图号：苏C（2024）16号

《县级国土空间总体规划创新实践：〈邳州市国土空间总体规划（2021—2035 年）〉回顾与思考》编写组

邳州市自然资源和规划局：

王光辉　马　莉　韩召军　耿　雷　金祥锋　朱进步　刘　晓
花　敏　等

北京清华同衡规划设计研究院有限公司：

郑筱津　旷　薇　董晓莉　汪　淳　黄　蕾　王辰琛　李　峥
宋天颖　张　昀　赵晓飞　陈江娜　孙　蕾　王德震　吴颖奇
曹　慧　王　樾

江苏省土地勘测规划院：

沈春竹　张志飞　沈秀峰　张　濛　王小丽　朱聪明　钱　畅

序　言

2019 年以来，国家推动的这轮国土空间规划体系改革，同时推进顶层设计完善和实践探索，在此过程中不断建立规制、规程和标准。1949 年以来，还没有其他规划体系是在尚未制定规则、标准、程序的情况下在全国铺开的，这是城乡规划学科和行业一个比较特殊的时期。

同时，我国城镇化发展迈入中后期转型提升阶段。城镇人口向（特）大城市（地区）与县（市）域两端集聚的趋势仍将持续。新时期的国家空间格局和空间治理应以国家中心城市和县城两个层级为重点。县域发展是推进中国式现代化和以人民为中心的高质量城镇化的"主战场"，县级国土空间总体规划的探索对于新时期国家空间治理至关重要。县域单元层面，高度紧张的资源环境约束和突出的人地关系矛盾将进一步加剧，新时期的城乡经济联系和资源双向流动日益频繁，这些时代背景都对县级国土空间总体规划提出了诸多新命题。

相比于规划编制与管理体系的改革面临的困难，更加严峻和突出的问题其实在规划实施落地的协同性方面。一方面，目前规划实施的协同性还没有达到理想的目标，"多规合一"仍在路上；另一方面，地方政府还面对底线管控与真实发展的关系协调问题，特别是对于东部沿海经济相对发达的地区来说，在一系列资源环境和生态保护约束条件下的地方发展出路在哪里？

北京清华同衡规划设计研究院（原清华大学城市规划设计研究院、北京清华城市规划设计研究院）成立时，提出的办院方针是以城市规划乃至人居环境学科群为依托，进一步突出学科的实践特点，形成政、学、研、产结合的稳定组织机制，做到以研促学、学研兴产、以产助学、研产辅政，积极参与国家和地方建设重大决策的咨询研究。在本书中，笔者欣喜地看到，地方自然资源与规划主管部门和一线规划团队通力合作，围绕"国家空间治理现代化"的目标和主题，在邳州积极探索中国特色的县级城市国土空间总体规划创新和现代化空间治理路径。从 2018 年在江苏省第一个启动城市总体规划修编、开展"多规合一"探索，到机构改革后在挂牌成立的邳州市自然资源和规划局主导下积极主动探索国土空间规划创新思路，邳州市人民政府突出高度、深度、广度、全度、调度，缜密筹划规划组织与成果编制工作。邳州市兼具先发地区的示范性和一般地区的普遍性，承担"走在前列"的使命，着力解决"保护与发展之争"的突出问题，发扬"苏北水乡"城市特色，积极开展现代空间治理探索。《邳州市国土空间总体规划（2021—2035 年）》从底线思维下的多维评估与"三线"协调管控、生态文明引领下的山水林田湖草系统治理、协调发展理念下的区域协调与产城协调、特色发展价值导向下的全域特色挖掘、城乡统筹发展理念下的新型城镇化与乡村振兴等视角开展深入研究；兼顾"战略与结构引领"及"定量与定界管控"，加强对乡镇国土空间规划、专项规划和详细规划的传导。概括地说，即在土地、人口等各类要素的制约与决定下，经过一系列调和，最终找到适应某一特定发展阶段及特定环境的发展路径，实现城市发展建设的模式创新和科学决策，并通过具体行动抓手确保规划落实。

中国目前正在从事的这一轮城市建设实践，其变革的程度是史无前例的，会导致中国城市规划中有特别的探索，这些探索将来会在世界的城市规划史上留下浓墨重彩的一笔。我们规划师生逢其时，正应开展一轮"知识的结构重组"，从我们擅长的对理论知识、国际经验、先进潮流的总结，逐渐转化为对应对基层问题的地方性、本土性、实践性知识的汇集整理，从国土空间规划的拥有者、使用者、参与者的角度，从多元化的源头（发明和变化的源头）中提炼和总结新的城市规划理论。

尹稚

清华大学建筑学院教授

清华大学国家治理与全球治理研究院首席专家

清华大学城市治理与可持续发展研究院院长

中国城市规划学会副监事长

2024 年 12 月

前　言

经过 6 年的不懈努力，《邳州市国土空间总体规划（2021—2035 年）》终于在 2023 年 11 月获得江苏省人民政府正式批复。本轮规划自 2018 年开启邳州市城乡总体规划修编，肇始于"多规合一"的前期探索，适逢国家空间规划体系变革之际，其间艰辛曲折自是不可言状。

规划成果和数据库，凝聚了领导、专家、规划编制团队、各相关部门和规划审查组的智慧和心血，直至批复后数月仍在反复优化提交规划数据库。从 2018 年 8 月—2024 年初，3 届政府领导班子、40 多个政府部门、两家主要规划编制单位、几十名专家和技术人员参与规划编制，先后召开近 10 次专家咨询会和评审会，经过市政府 20 余次正式会议审查，200 多万邳州城乡居民为规划建言献策。最终形成的文本、规划说明、专题研究报告成果合计字数近百万字，数据库成果包含 300 多万个图斑、2500 多个字段、200 多个图层，累计提交 10 余次。

6 年的编制历程，交织着种种酸甜苦辣的别样滋味，有前沿探索的兴奋，也有规则确定后的笃定；有向上争取的坚持，也有部门协调的妥协……五味杂陈、百感交集。编撰本书，既是为了阐述邳州市在国土空间规划改革大潮中的创新理念与技术探索，展现规划成果背后的变革思考；也是为了记录 6 年的编制历程，再现国土空间规划从"一张蓝图"到"协同治理过程"的转变。考虑到国土空间规划的特殊性质，书中并未录入全部规划成果，而是有重点地呈现缜密谋划、变革破题、规划内容、实施要求等要点。通过本书呈现的国土空间规划变革时期思考，我们希望能抛砖引玉，引发规划界和空间规划管理机构的进一步思考与探讨。

邳州是一个敢为人先、奋勇争先的城市，从大运河镇到邳县再到邳州市，从"团块状发展"到"老城主中心、新城副中心"，再到"三带三轴、三核四区、生态组团""两廊、三带、三核、四轴、五片"的组团式城市空间结构，城市建设一步一个脚印、一步一个台阶，始终坚持以高水平规划设计引领高质量发展和高品质城市建设，在 10

余年前就以"苏北水城""楚韵汉风"领跑苏北。雄关漫道真如铁，而今迈步从头越，面对当前百年未有之大变局和中国的人居环境、城乡建设走向高质量发展的新时代，邳州将继续上下求索，探寻以规划创新引领高质量发展和现代化空间治理的路径！

本书编写组

2024 年 4 月

目　录

邳州市概况

1．地理区位

邳州市位于江苏省北部，徐州市与连云港市之间，苏北鲁南交界地带，是徐州市域东部的县级城市。邳州市东接新沂市，西连徐州市铜山区、贾汪区，南界睢宁县、宿迁市宿豫区，北邻山东省枣庄市台儿庄区、兰陵县、郯城县。

邳州市位于京杭大运河和东陇海大通道交会的"黄金十字"区位，水铁联运优势凸显。东陇海铁路横穿东西、京杭大运河纵贯南北，中心城区位于铁路与大运河交会处，公铁水综合立体式交通枢纽地位不断巩固（图 0-1）。

图 0-1　邳州东站高铁站主建筑

2．行政区划

邳州市辖 4 个街道、21 个镇，497 个社区和行政村。

3. 自然地理格局

邳州市地处沂蒙山区山前冲积扇平原边缘，徐蚌隆起带北翼，地势西北高、东南低，地面高程为 20～33 米。坡度在万分之一到千分之一，平原洼地是全市地形的主体。山丘低埠大部分分布在西北部和西南部，少数低山分布在南部、中部和北部，大小山头计 80 余座；全市最高的山是邳睢交界处的岠山，海拔 204.7 米，其次是艾山，海拔 197.2 米（图 0-2）。

图 0-2　邳州市艾山风景名胜区

邳州市位于南水北调东线工程清水走廊上，是我国东部地区重要的洪水调蓄区，也是江苏省江淮生态大走廊建设的重要节段，骆马湖和微山湖两大生态核心重要的连接通道。

4. 资源禀赋

水网密集，水林田园交融。邳州市地处淮河流域沂、沭、泗流域下游，素有"邳苍洼地，洪水走廊"之称，上游有微山湖，受地形制约，河流多自北向南流入沂河、中运河，最终入骆马湖。境内河流纵横交错，按流向归宿分为中运河、沂河、邳洪河三大水系。除上述 3 条跨省流域性河道外，还有干支河流 43 条，坑塘水库星罗棋布（图 0-3～图 0-10）。

图 0-3　邳州市沙沟湖公园内隆欣阁

图 0-4 邳州市沙沟湖公园夜景

图 0-5 邳州市沙沟湖公园鸟瞰

图 0-6 邳州市六保河沙沟湖段鸟瞰

图 0-7　邳州市六保河沿岸城市景观

图 0-8　邳州市银杏湖风景区

图 0-9　邳州市桃花岛公园 1

图 0-10 邳州市桃花岛公园 2

历史悠久、文化类型多元。邳州是江苏 6000 年文明发祥地,其历史可以追溯到人类社会的史前文明时期。大墩子遗址、刘林遗址距今约 6000 年,是新石器时代古文化遗址。梁王城遗址距今 5000 多年,是苏北地区乃至黄淮地区规模最大、最古老的双城制古都城遗址,是研究黄淮地区人类文明起源的"活教材"。岠山贝丘遗址距今 5000 多年,是古人类聚居地和新石器时代古文化遗址。此外,邳州还拥有北辛文化、大汶口文化、楚汉文化、军事文化、大运河文化、明清文化、近现代红色文化等丰富多元的文化类型。

5. 社会经济发展

全国百强县,经济增长态势较好。2020 年,邳州实现地区生产总值 1001.26 亿元,较上年增长 3.9%。其中,第一产业、第二产业和第三产业增加值分别为 159.33 亿元、396.38 亿元和 445.56 亿元(图 0-11),分别增长 3.1%、4.1% 和 4.0%,三次产业结构为 15.9∶39.6∶44.5。人均地区生产总值 68 855 元,较上年增长 3.2%。邳州市 GDP 在徐州和江苏的占比不断提高,2020 年,邳州 GDP 居徐州各县市第 1 位,邳州位列全国综合实力百强县第 36 位、全国工业百强县第 30 位。

图 0-11　邳州农业风光

　　工业生产稳定增长。2020 年，全年规模以上工业增加值较上年增长 6.9%。从主导产业看，六大主导产业"四升两降"，其中高端装备制造业产值增长 7.9%，绿色食品业产值增长 17.6%，节能环保产业增长 18.0%。高新技术产业增长较快，2020 年，邳州高新技术产值较上年增长 17.8%，高新技术产值在工业总产值中的比重达到 36.3%，较上年提高了 15.9 个百分点，高新技术企业已经成为拉动全市工业经济恢复的重要动力（图 0-12）。

图 0-12　江苏邳州经济开发区

科技创新不断增强。2020 年,全年新增国家高新技术企业 67 家,企业技术合同交易额达 8.6 亿元,年末万人发明专利拥有量达 19 件。推动自主创新水平提升,建成国家人才示范培育基地、省产学研协同创新基地、东南大学技术转移中心邳州分中心。拓展与高校科研院所合作,引进诺贝尔奖得主 2 人、两院院士 12 人、国家重大人才工程入选者 46 人、省"双创人才"61 人、省"双创团队"6 个。

对外经济发展向好。2020 年,全年实现进出口总额 130.20 亿元,较上年增长 1.9%。其中出口总额 121.71 亿元,进口总额 8.49 亿元。

居民收入持续增长。2020 年,全年城乡居民人均可支配收入 29 744 元,较上年增长 5.3%。其中,城镇居民人均可支配收入 37 744 元,增长 3.6%;农村居民人均可支配收入 21 277 元,增长 6.9%(图 0-13 ~ 图 0-15)。

图 0-13　邳州"银杏时光隧道"

图 0-14　邳州岔河镇马庄村

图 0-15　议堂镇议堂村村貌

6. 人口城镇化

根据邳州市第七次全国人口普查结果，2020 年，全市常住人口为 1 462 563 人，与 2010 年第六次全国人口普查的 1 458 038 人相比，10 年共增加 4525 人，增长率为 0.31%，年平均增长率为 0.03%。

全市常住人口中，居住在城镇的人口为 850 773 人，占比为 58.17% ；居住在乡村的人口为 611 790 人，占比为 41.83%。与 2010 年第六次全国人口普查相比，城镇人口增加 209 073 人，乡村人口减少 204 548 人，城镇人口占比上升 14.17 个百分点。

上篇
创新思考

第1章 缜密筹划

1.1 体现"三段"，规划编制探索

邳州市本轮国土空间总体规划编制恰逢党和国家机构改革全面启动。国土空间规划体系改革是国家系统性、整体性、重构性改革的重要组成部分，党中央、国务院作出组建自然资源部、实现"多规合一"、建立国土空间规划体系并监督实施的重大决策。邳州市委、市政府坚决贯彻落实党中央、国务院决策部署，高度重视国土空间规划工作。2018—2024 年，前后历时 7 年之久，完成了邳州市国土空间总体规划的技术探索、"三区三线"划定、成果编制和规划审批、数据入库等工作。

1.1.1 "多规合一"探索阶段

2018 年是国家开启国土空间规划体系改革的重要年份。2018 年 3 月，中华人民共和国第十三届全国人民代表大会第一次会议表决通过了国务院机构改革方案，组建自然资源部。新组建的自然资源部行使对自然资源开发利用和保护进行监管，建立空间规划体系并监督实施等一系列职责。这标志着我国开展国土空间规划体系的改革、实现"多规合一"由试点阶段进入系统性改革阶段。自中共中央提出"建立国家空间规划体系"以来，各地区围绕我国国土空间长期以来存在的"多规"衔接复杂、部门协调困难等难题，纷纷开展空间规划体系和规划协调机制的探索工作。因此，空间规划体系的逻辑构建成为彼时规划改革的焦点与首要任务。

邳州市响应国家要求，积极开展城市总体规划编制改革探索工作。考虑到《邳州市城市总体规划（2011—2030）》自 2012 年 6 月省政府批准实施以来，对邳州市城乡规划管理起到了切实的指导作用，有力引领了社会经济和城乡建设全面发展，但在实施过程中仍存在较多难以解决的矛盾和问题，加之邳州市社会经济已处在重要的战略发展机遇期，《邳州市城市总

体规划（2011—2030）》面临着一系列新理念、新要求、新形势、新情况，已难以适应邳州新的发展需求。市委、市政府对新一轮总规修编工作极为重视，陈静书记、唐健市长等四套班子领导先后听取了规划修编工作汇报。2018 年 1 月，邳州市人民政府向江苏省人民政府请示开展城市总体规划修编工作。2018 年 5 月，经江苏省人民政府同意，江苏省住房和城乡建设厅正式批准邳州市城市总体规划修编，是全省首个获批修编的县级城市总体规划（图 1-1）。2018 年 10 月，邳州市召开《邳州市城市总体规划（2018—2035 年）》启动大会，委托北京清华同衡规划设计研究院正式开展规划编制工作。

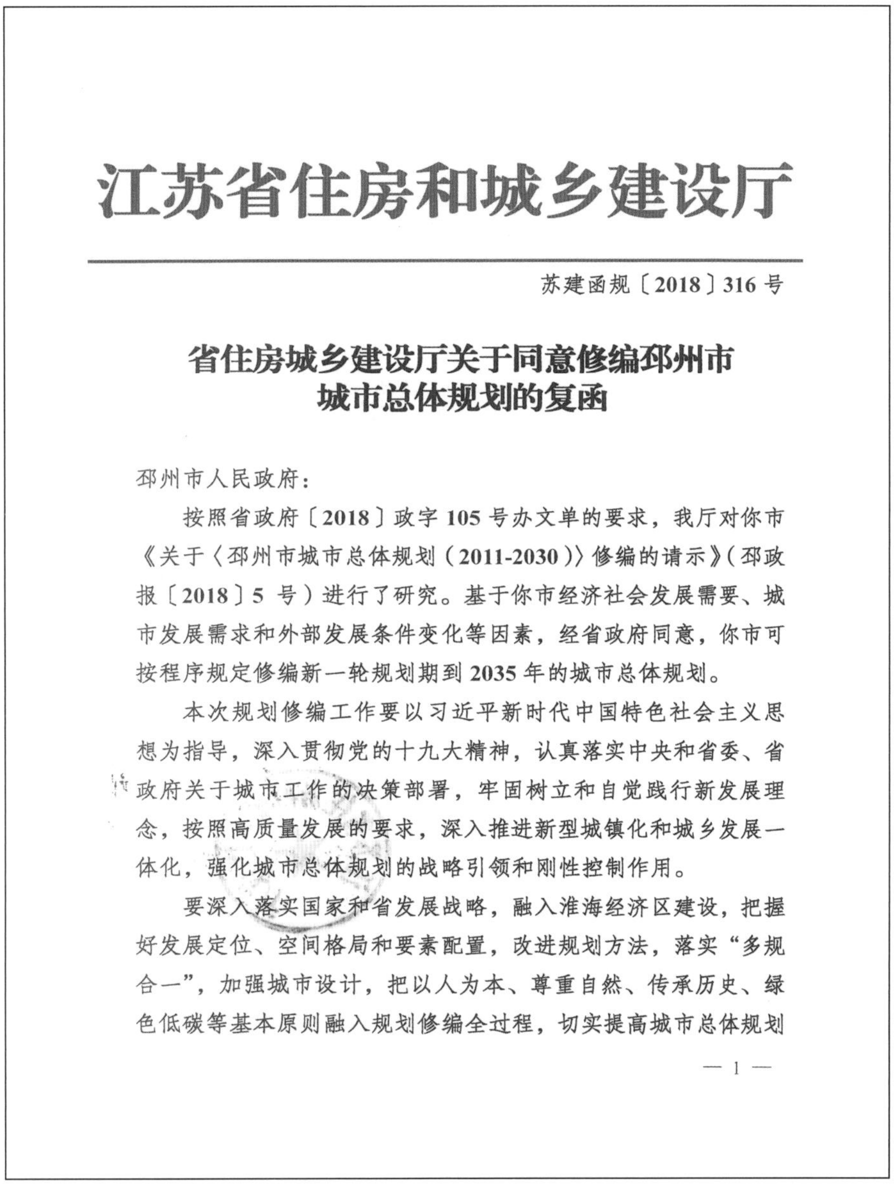

江苏省住房和城乡建设厅

苏建函规〔2018〕316 号

省住房城乡建设厅关于同意修编邳州市城市总体规划的复函

邳州市人民政府：

按照省政府〔2018〕政字 105 号办文单的要求，我厅对你市《关于〈邳州市城市总体规划（2011-2030）〉修编的请示》（邳政报〔2018〕5 号）进行了研究。基于你市经济社会发展需要、城市发展需求和外部发展条件变化等因素，经省政府同意，你市可按程序规定修编新一轮规划期到 2035 年的城市总体规划。

本次规划修编工作要以习近平新时代中国特色社会主义思想为指导，深入贯彻党的十九大精神，认真落实中央和省委、省政府关于城市工作的决策部署，牢固树立和自觉践行新发展理念，按照高质量发展的要求，深入推进新型城镇化和城乡发展一体化，强化城市总体规划的战略引领和刚性控制作用。

要深入落实国家和省发展战略，融入淮海经济区建设，把握好发展定位、空间格局和要素配置，改进规划方法，落实“多规合一”，加强城市设计，把以人为本、尊重自然、传承历史、绿色低碳等基本原则融入规划修编全过程，切实提高城市总体规划

— 1 —

图 1-1　江苏省住房城乡建设厅关于同意修编邳州市城市总体规划的复函

的科学性、前瞻性。要重视市域城乡空间统筹规划，加强空间开发管制，严格保护生态保护红线与永久基本农田，科学划定城市开发边界，合理预测各类人口与用地规模，严格控制新增建设用地数量。优化城市用地布局和形态功能，重视集中紧凑发展和存量空间利用，积极引导城市空间由外延扩张为主向内涵提升和外延合理拓展并重转变。完善绿地、开放空间和教育、文化、养老等基本公共服务设施布局，加强绿色交通、市政设施和综合防灾规划，提升城市综合功能品质与运行效率。

要落实城市人民政府在城市总体规划编制实施中的主体责任，建立规划信息平台，完善规划决策机制，形成科学权威、务实管用的规划成果，为建设和谐宜居、富有活力、绿色安全、特色鲜明的现代化城市提供规划支撑。

具体规划编制工作按照《中华人民共和国城乡规划法》《江苏省城乡规划条例》和《江苏省住房和城乡建设厅关于开展城市总体规划编制成果信息化报备工作的通知》等国家和省关于城市总体规划编制和报审的有关规定进行。

江苏省住房和城乡建设厅

2018年5月24日

（此件不对外公开）

抄送：省政府办公厅。

江苏省住房和城乡建设厅办公室　　　　　2018年5月24日印发

— 2 —

图1-1　江苏省住房城乡建设厅关于同意修编邳州市城市总体规划的复函（续）

专栏1-1　《邳州市城市总体规划（2011—2030）》修编必要性

习近平总书记指出，"城市规划在城市发展中起着重要引领作用""规划科学是最大的效益，规划失误是最大的浪费，规划折腾是最大的忌讳""总体规划经法定程序批准后就具有法定效力，要坚决维护规划的严肃性和权威性"。

一是新时代、新思想需要城市规划新理念。党的十九大报告明确了2035年和2049年两个发展阶段目标，邳州市现行总规的规划年限是2011—2030年，与第一阶段目标的时间节点不一致；国家对生态文明建设、新型城镇化建设、城市规划建设提出的"五大理念""生态文明建设""以人民为中心""高质量发展"等新理念，在编制内容上对城市规划提出新要求；

国家机构改革设立自然资源部，为规划权的高度统一，也为多规融合奠定坚实基础。在新一轮总规修编中，应深入研究并落实乡村振兴、城市双修、特色小镇、海绵城市、综合管廊、智慧城市等新理念、新要求，让城市总体规划的龙头作用更加凸显，使其真正成为统筹全市社会经济工作的施政纲领。

二是新战略、新目标需要城市发展新定位。2017年5月，省委提出"1+3"区域发展战略新蓝图，对于加快淮海经济区洼地崛起具有重大的战略意义。2017年6月，《徐州市城市总体规划（2007—2020年）（2017年修订）》经国务院批复，正式确定了徐州成为淮海经济区中心城市。在新的历史机遇下，必须把邳州放到淮海经济区这个大格局中去定位、去谋划，加快打造有历史记忆、有地域特色、有时代特征、有个性魅力的现代化中等城市。在新一轮总规修编中，应围绕"工业立市、产业强市"的发展战略，充分研究发挥邳州及周边高铁、高速公路、机场、港口等重大交通基础设施优势，把邳州打造成为淮海经济区物流和先进制造业中心；充分研究利用邳州的人口和区位优势，释放集聚效能，把邳州打造成为淮海经济区商贸中心；充分研究挖掘邳州的生态资源禀赋和历史文化底蕴，把邳州打造成为淮海经济区生态旅游文化名城。通过优化提升城市功能定位，着力研究邳州融入淮海经济区发展路径，为建设淮海经济区探路先行，进一步提升城市首位度。

三是新阶段、新台阶需要城市发展新思路。近年来，邳州市以习近平新时代中国特色社会主义思想为指导，转变发展观念和方式，推动城乡高质量发展，全市经济社会已经进入新阶段、迈上新台阶。银杏小镇、全域旅游、田园乡村、智慧小镇、徐连高铁、临港产业园、环城商贸物流园等重大项目的确定和实施，以及公共空间治理、品牌城市创建等新举措，对邳州的发展提出新要求，必须通过总规修编对市域和中心城区空间格局进行优化调整。在新一轮总规修编中，应着力研究论证2035年城市人口与用地规模，划定城市开发边界，统筹城乡协调发展，弹性预控远景100万人口的城市空间框架，对邳州高新技术产业开发区、邳州经济开发区、临港产业园空间发展进行专项研究，为建设宜居、宜业、宜游的现代城市提供规划保障。

四是新问题、新矛盾需要谋划解决新路径。现行总规在实施过程中存在以下问题：一是国土部门土地利用规划确定的建设用地范围与城市总体规划的中心城区范围不一致，"两规"在土地利用上缺乏协调；二是环保部门划定的生态保护红线范围包括老城区和部分乡镇的重要建设区，限制了这些地区的提档升级；三是由于各部门的专项规划编制不及时或与城市规划衔接不足，导致公共服务设施建设滞后、项目落地突破规划范围、侵占规划蓝线、绿线等一些突出问题，城市发展与现行总规预期存在一定差异。在新一轮总规修编中，积极探索"多规融合"路径与机制，搭建多规融合信息管理平台，坚持一张蓝图干到底，加快推动邳州城市治理能力现代化。

在《邳州市城市总体规划（2018—2035年）》的编制过程中，围绕空间规划改革试点的相关要求，重点强化全域空间资源保护与全域开发管控，在规划编制思路和内容上进行以下七方面的重点探索。

一是推动多规融合，形成市域空间规划"一张蓝图"。结合新一轮城市总体规划修编，同步推进多规融合专项规划、综合交通专项规划等重大专项，完善各类公共设施、市政设施及乡村振兴等多方面的专项规划，形成城市总体规划与其他空间类规划的全面对接。面向国家空间规划改革最新要求，协同国土、环保、林业、农委等部门，由市域城乡统筹规划转变为市域空间规划，协调好资源环境保护与发展的关系，加强对全域建设用地与非建设用地的统筹管控。系统梳理和研究各部门在自然资源、城镇空间等方面的管理事权，推进"多规"从空间规划思路和理念、技术标准到管控措施等的全面融合，形成市域空间规划"一张蓝图"和系统化的空间管控措施。

专栏1–2 邳州市推进"多规合一"的历程

2015年以来，邳州市规划局委托北京清华同衡规划设计研究院对全市41个部门、132项相关规划及文件进行数据比对分析，深入研究多种规划间存在的问题和矛盾，形成了《邳州多规冲突调研及解决路径探究》初步成果，系统梳理了邳州当时的规划冲突问题，厘清了家底，提出了解决问题的路径。

2017年，市规划局对沙沟片区、隆丰湖片区开展多规融合试点工作。对沙沟片区7平方千米及隆丰湖片区3.5平方千米现有规划、国土、发改、环保等部门规划成果和卫星影像图进行梳理整合，完成了城市总体规划、土地利用总体规划、控制性详细规划、两规用地差异分析、产业区块及建设项目布局等多规成果建库及入库工作，初步建立了邳州市多规合一数据平台。

2018年，邳州市形成多规融合初步工作方案，以统筹协调国民经济和社会发展规划、主体功能区规划、城乡规划、土地利用规划、环境功能区规划等各项规划，形成统一衔接、功能互补、相互协调的空间规划体系为目标，为全市加快推进新型城镇化，优化城乡空间功能布局，促进节约集约用地，提高政府行政效能，确保重要发展片区、重点发展项目顺利落地实施，保障城乡社会、经济、环境协调可持续发展，提供更加科学、更富效率的规划指导。这个阶段，重点开展了以下四方面工作：一是加强组织领导，提高思想认识。成立"多规融合"工作领导小组，全面领导"多规融合"工作，协调解决"多规融合"重大问题，并对重大事项进行决策，以保证各部门规划编制、实施及更新过程中的有效衔接，提高行政运行效率和公共服务水平。二是搭建多规平台，实现数据共享。以大数据中心为基础，建立多规融合信息管理平台，实现各部门数据共享，实时比对、消除差异，为"多规融合"的实施奠定基础。三是加强业务协同，健全审批机制。依托信息管理平台实现动态监管项目库，健全行政审批制度，打造互联网＋审批系统，使各部门业务并联协同，信息实时分享，保障多规融合日趋完善。四是申请政策支持，盘活闲置土地。在多规融合已做出有效探索的基础上，应继续在国家政策支持方向上进行探索和创新，与城市发展联动，创新土地利用方式，盘活闲置建设用地，为多规融合提供基础资源保障。

二是构建全域"三区三线"的精细化空间管控框架。在空间数据统一的基础上，开展国土空间利用分析和自然资源、生态环境承载力分析，划定市域国土空间用途管制分区，并进一步整合各类规划中的空间管控要素，合理划定与"底线管控"和"用途管制"相契合的"三区三线"体系。在确保"三线"、加强底线管控的基础上，明确三类空间的管控指标标准，并进一步在三类空间内部划定各自弹性发展和刚性管控区域，同时根据功能管控重点确定不同城镇空间的引导重点和考核重点，推动城乡居民点统筹发展、城乡产业融合与要素自由流动，以及城乡公共服务均等化。

三是研究推进新型城镇化建设和乡村振兴发展路径。以新型城镇化动力机制分析为基础，根据邳州城镇发展特点，研究以促进就业和人口集聚为核心的城镇化发展路径，进一步将特色小镇作为特色产业发展和服务农村平台的支点，引导和构建多元化城镇发展模式。以重塑乡村多元价值为目标，通过全域旅游、田园综合体等，助力乡村地区从简单的经济增长动力源变为多元价值空间，并以此为出发点对市域城乡统筹与美丽乡村建设提出发展引导和具体路径。通过不同城镇和乡村发展模式引导，推进城乡道路体系一体化、服务设施精准化配置和空间资源统筹供给，实现城乡一体化发展。

四是研究划定中心城区的开发边界。以"多规融合"为前提，体现生态优先和耕地保护，划定城市开发边界，既要为城市发展预控好必要的拓展空间，也要积极推进城市土地集约高效利用。优化存量建设用地空间布局，使生活用地、产业用地、生态用地规模协调适度，鼓励城市开发边界内存量建设用地有机更新。合理确定发展备用地空间范围，进一步明确发展备用地在空间布局、用地规模控制和功能控制等方面的具体要求，明确发展备用地的启用条件，保障城市开发边界的合理性和可控性（图1-2）。

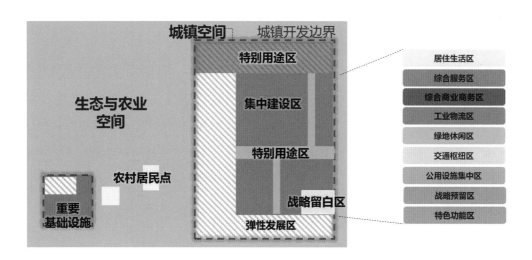

图1-2　对城镇开发边界划定思路的探索研究

五是研究城市空间结构和功能布局的战略性调整。以交通用地一体化发展为导向，合理确定未来邳州市重大基础设施选址选线，结合徐连客运专线、港口等重大交通设施及周边地区开发，促进城市各种功能设施综合设置、集中布局，促进土地集约复合利用。研究创新经济趋势下的产业空间布局与空间组织逻辑，针对工业园区、北外环市场物流园、临港产业园等邳州传统的独立产业园区模式，提出职住平衡和产城融合、区域产业联盟等新型发展模式，提升产业发展对城市发展的支撑能力（图1-3、图1-4）。

图1-3　对中心城区愿景空间框架的研究

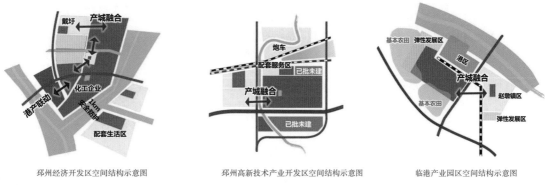

邳州经济开发区空间结构示意图　　邳州高新技术产业开发区空间结构示意图　　临港产业园区空间结构示意图

图 1-4　对中心城区三大园区产城融合的探索研究

六是落实"以人民为中心"的公共服务配置要求。将生活圈作为社区公共资源配置和社会治理的基本单元，按照步行 15 分钟可达的空间范围，完善教育、文化、医疗、养老、体育、休闲及就业创业等服务功能，保障市民享有便捷优质的公共服务。对接教育、医疗卫生、文化、体育等公共设施管理部门的发展需求，结合未来人口结构和规模预测，补足基础设施和公共服务设施短板，提升基础设施保障水平，明确城市开敞空间以及基础设施规划目标和标准（图 1-5）。

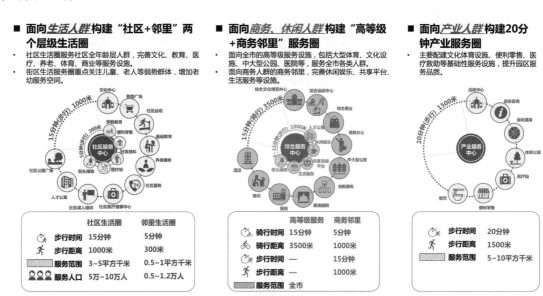

图 1-5　对社区生活圈的探索研究

七是强化"楚韵汉风"与"苏北水乡"生态文化特色。挖掘邳州文化价值与底蕴，推进城市文化传承和文化建构，加强文化保护、利用和系统化展示，进一步构筑具有地域和文化特色的城市空间格局，打造文化景观系统和特色空间体系。整体梳理城市绿地、水系，提升城市蓝绿空间，塑造水乡特色景观风貌，形成全域休闲游憩空间网络。服务城乡居民生活质量提升需求，打造人文底蕴深厚、自然生态优美、宜居、宜业、宜游的人居环境，增强邳州对城乡居民、双创人群、游客等多元人群的吸引力。

专栏 1–3　邳州"楚韵汉风"特色塑造历程

　　自 2007 年起，邳州市就按照"楚韵汉风、诗意田园"的城市风格，聘请清华大学吴良镛院士、东南大学齐康院士、新加坡房屋发展局原局长刘太格等国内外名家，编制了新区发展规划和单体建筑详细规划，做到一次规划到位、分期分批实施，同时开展省级园林城市、中国优秀旅游城市等"五城同建"，构筑精品，打造特色，先后建成博物馆、图书馆、汉园、沙沟湖湿地公园等一批标志性建筑和开敞空间（图 1-6、图 1-7）。

图 1-6　邳州博物馆

图 1-7　沙沟湖湿地公园

1.1.2 国土空间规划探索阶段

2019年，国土空间规划体系改革正式启动，国家自然资源部、江苏省人民政府相继就国土空间规划编制工作下发文件，提出指导意见。5月23日，下发《中共中央 国务院关于建立国土空间规划体系并监督实施的若干意见》；5月28日，下发《自然资源部关于全面开展国土空间规划工作的通知》；10月25日，下发《中共江苏省委 江苏省人民政府关于建立全省国土空间规划体系并监督实施的意见》。2019年2月底，原邳州市规划局与国土资源局合并，邳州市自然资源和规划局挂牌成立（图1-8），邳州市国土空间规划改革快速推进。邳州市在城市总体规划修编的基础上，开始进行国土空间总体规划编制，委托北京清华同衡规划设计研究院与江苏省土地勘测规划院共同承担编制工作。

图 1-8　邳州市自然资源和规划局挂牌成立

经过近一年的改革初期的主动探索，随着2020年自然资源部和江苏省自然资源厅陆续出台了《市级国土空间总体规划编制指南（试行）》（自然资办发〔2020〕46号）、《国土空间调查、规划、用途管制用地用海分类指南（试行）》（自然资办发〔2020〕51号）、《江苏省市县国土空间总体规划编制指南（试行）》（苏自然资发〔2020〕169号）等一系列国土空间规划编制的技术指南和规范要求，邳州市国土空间总体规划的编制工作取得显著进展，密集推进了基数转换等重点工作，加快推进了人口与用地规模研究等8项重点专题研究工作，并于2020年9月在南京召开了专家研讨会，形成了规划初步成果（图1-9）。其间，邳州市自然资源和规划局与规划编制团队向邳州市委、市政府进行了多次汇报，持续参与了徐州市自然资源和规划局组织的多轮、多主题的上下联动推进工作，积极推动邳州市镇级国土空间总体规划编制工作，并组织开展了多轮县镇联动推动工作。

图 1-9　2020 年 9 月的专家研讨会现场

专栏 1-4　邳州市国土空间总体规划研讨会在南京召开

2020 年 9 月 13 日，邳州市国土空间总体规划研讨会在南京召开。会上，参会专家学者、江苏省自然资源厅、徐州市自然资源和规划局以及邳州市委市政府领导等听取了北京清华同衡规划设计研究院关于《邳州市城市发展战略研究和功能定位》、江苏省土地勘测规划院关于《三线统筹协调划定》等专题汇报并进行探讨。参会专家学者对汇报内容进行细致分析和点评，结合国家、省级国土空间规划体系相关政策，研判当前规划体系中存在的矛盾问题，为邳州市国土空间总体规划编制工作提出了有针对性、指导性的意见和建议。会议指出，编制单位要围绕各位专家提出的意见和建议，进一步完善总规编制阶段性成果，为后期工作夯实基础；要加强探索创新、科学论证，提出更有效的发展措施，增强规划编制的可操作性，为邳州市打造贯彻新发展理念区域样板打下坚实基础。

在《邳州市国土空间总体规划》的编制过程中，围绕国土空间规划编制重点，进行了以下六方面的重点探索。

一是资源环境承载能力和国土空间开发适宜性评价。资源环境承载能力和国土空间开发适宜性评价作为国土空间规划编制的前提和基础，对于科学有序地统筹布局生态空间、农业空间和城镇空间，划定生态保护红线、永久基本农田控制线和城镇开发边界具有重要的支撑意义。为有效支撑和服务邳州市国土空间总体规划编制，2019 年，邳州市结合多版《资源环境承载能力和国土空间开发适宜性评价技术指南》征求意见稿，开展了邳州市"双评价"研究探索工作（图 1-10）。2019 年年底到 2021 年下半年，为徐州市"双评价"提供基础数据，提出多轮反馈意见与建议。

二是规划基数转换与国土空间"一张底图"。规划基数转换是国土空间总体规划编制的重要基础性工作，是确保国土空间总体规划编制成果科学合理性和具有可操作性的关键环节。为落实国土空间规划"统一底图、统一标准、统一规划、统一平台"的要求，根据自然资源部和江苏省自然资源厅关于开展市县国土空间规划现状基数的工作要求，邳州市分别于2019年年底、2021年年中开展了两轮基数转换工作（图1-11）。以第三次全国国土调查成果为基础，通过充分调动相关部门和科室、乡镇土地管理所的力量，对现状基数进行了细化、转换及举证工作。

生态保护重要性评价　　　　　　农业生产适宜性评价　　　　　　城镇开发适宜性评价

图 1-10　邳州市"双评价"结果

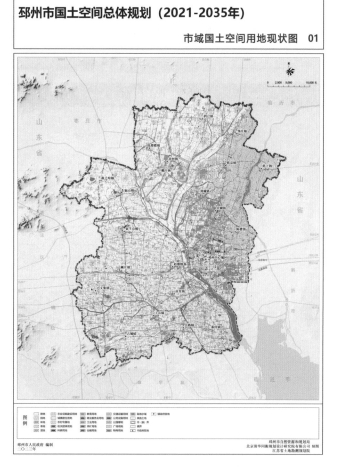

图 1-11　市域国土空间用地现状图

　　三是城区范围划定与国土空间规划城市体检评估。根据自然资源部和江苏省自然资源厅工作部署，建立"一年一体检、五年一评估"规划实施体检评估制度，按照《城区范围确定规程》（TD/T 1064—2021）、《国土空间规划城市体检评估规程》等标准（图1-12、图1-13），以第三次全国国土调查成果等国土空间法定数据为基础，开展了2019年度、2020年度、2021年度邳州市城区范围划定与国土空间规划城市体检评估工作，查找国土空间规划实施、城乡发展建设、国土空间治理的问题和不足，科学评估规划实施效果及影响，作为支撑国土空间规划编制和实施的重要基础工作（图1-14、图1-15）。

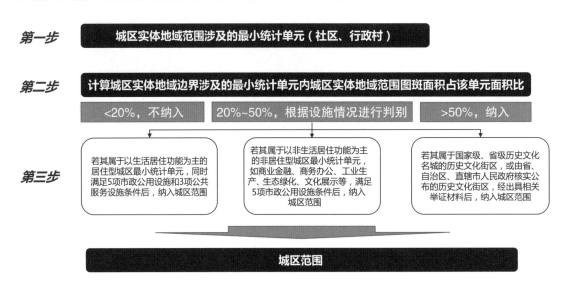

图 1-12　城区范围划定技术思路

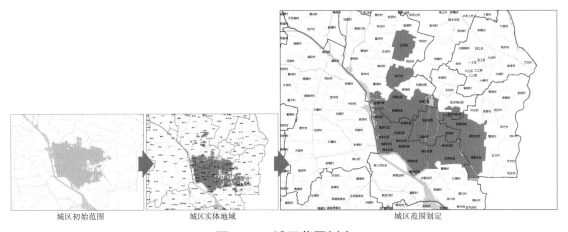

图 1-13　城区范围划定

01 战略定位

分析实施国家和区域重大战略、落实城市发展目标、强化城市主要职能、优化调整城市功能等方面的成效及问题。

02 底线管控

分析耕地和永久基本农田、生态保护红线、城镇开发边界、地质洪涝灾害、历史文化遗产保护等底线管控，以及全域约束性自然资源保护（包含山水林田湖草沙海全要素）目标落实等方面的成效及问题。

03 规模结构

分析优化人口、就业、用地和建筑的规模、结构和布局，提升土地使用效益，推进城市更新等工作的成效及问题。

04 空间布局

分析区域协同、城乡统筹、产城融合、分区发展、重点和薄弱地区建设等空间优化调整方面的成效及问题。

05 支撑体系

分析生态环境、住房保障、公共服务、综合交通、市政公用设施、城市安全韧性、城市空间品质等方面的成效及问题。

06 实施保障

分析实施总体规划所开展的行动计划、执法督察、政策机制保障、信息化平台建设，以及落实总体规划的详细规划、相关专项规划和下层次县级或乡镇级总体规划的编制、实施等方面的成效及问题。

图 1-14　体检评估重点

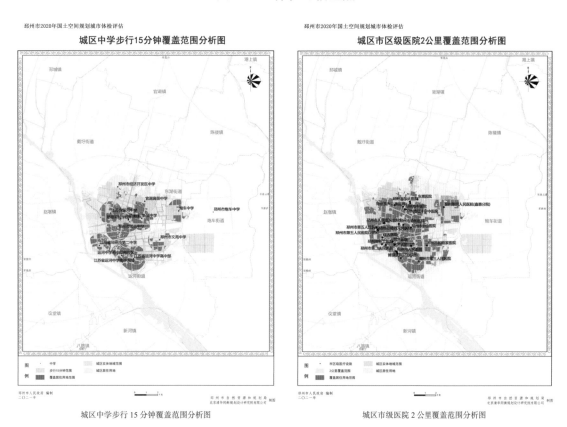

城区中学步行 15 分钟覆盖范围分析图　　　　城区市级医院 2 公里覆盖范围分析图

图 1-15　体检评估分析图

　　四是生态保护红线评估调整和自然保护地整合优化。严格落实各类生态环境保护管控和在国土空间规划中统筹划定落实三条控制线的有关要求，坚持"应划尽划、应保尽保"的原则，结合永久基本农田核实整改等工作，开展多轮生态保护红线评估调整、自然保护地整合优化和江苏省生态空间管控区域划定调整工作。按照保护优先、重点识别、实事求是、整合优化的思路，对原生态保护红线和自然保护地逐一核实，处理矛盾冲突，提高边界一致性，以有效维护生态安全，促进国土空间可持续利用，为推动邳州市良好生态环境保护和高质量发展提供有力支撑。

五是大运河核心管控区划定。邳州是一座运河城市，市政府驻地运河镇（现为运河街道）就因京杭大运河绕城而过而得名。为全面贯彻落实党中央、国务院关于大运河文化带的决策部署，统筹推进大运河文化遗产保护与大运河沿线区域经济社会发展，邳州市人民政府根据江苏省自然资源厅《关于做好大运河江苏段核心监控区国土空间管控细则编制工作的通知》（苏自然资函〔2021〕318号）等相关要求，通过"明确要求、摸清本底、校核优化"三步走策略，于2021年组织开展了京杭大运河（邳州段）沿线核心监控区范围边界的统筹划定工作（图1-16）。对接《大运河江苏段核心监控区国土空间管控暂行办法》（苏政发〔2021〕20号），

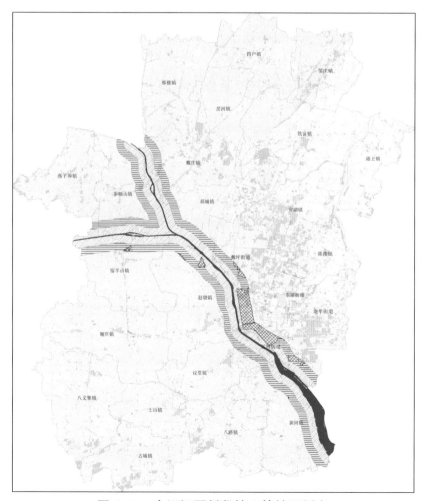

图 1-16　大运河邳州段核心管控区划定

结合邳州实际情况，为《大运河徐州段核心监控区国土空间管控细则》的制定提出意见建议。研究大运河核心监控区对邳州城市发展建设的管控要求和可能造成的影响，为邳州国土空间规划编制提供支撑。

六是人口城镇化和城镇体系优化。基于第七次人口普查数据，在准确研判城镇化的新趋势、新特点、新要求的基础上，从邳州实际出发，对邳州市域、中心城区及各镇的常住人口、城镇人口等进行科学预测；结合各城镇规模、产业基础、发展潜力等情况，对城镇等级体系及规模体系进行合理构建。同时，结合与徐州市的上下联动工作，对人口规模预测结果和城镇体系进行多轮校核，从而为构建与邳州人口规模相适应的城镇空间格局提供有效支撑，也为统筹城乡公共服务设施和公共资源优化配置提供重要支撑。

1.1.3 "三区三线"划定及成果编制阶段

在城镇开发边界划定规则尚不稳定的探索阶段，结合市县联动、县镇联动、近期实施方案等工作，划定了不同情景、不同规模的多版本城镇开发边界方案，并进行了多次微调与修改。2021年6月，结合《自然资源部国土空间规划局 自然资源部耕地保护监督司关于加快推进永久基本农田核实整改不足和城镇开发边界划定工作的函》（自然资空间规划函〔2021〕121号）及《城镇开发边界划定规则》的要求，进行了城镇开发边界划定成果上报和上图入库工作。

为落实党中央、国务院决策部署，按照2022年4月27日"三区三线"划定工作电视电话会议要求，自然资源部下发《关于在全国开展"三区三线"划定工作的函》（自然资函〔2022〕47号）和《全国"三区三线"划定规则》，部署全国"三区三线"划定和国土空间规划编制工作。2022年5—9月，邳州市开展了"三区三线"划定工作，经过多轮上下沟通与修改完善后上报（图1-17）。2022年10月14日，自然资源部批复江苏等省（区、市）正式启用"三区三线"划定成果作为报批建设项目用地依据。

邳州市国土空间总体规划于2023年进入最终成果编制与上报阶段。根据国家、江苏省、徐州市关于全面开展国土空间规划工作的要求，邳州市自然资源和规划局积极对接各级自然资源主管部门，按照市、县两级同步推进上报省政府审批的时间节点，完成国土空间规划成果报批前的相关审查工作。

一是2022年12月31日—2023年1月29日，《邳州市国土空间总体规划（2021—2035年）》（草案）在邳州市人民政府网站进行了一个月的公示（图1-18），并于2023年1月29日上报江苏省自然资源厅初审。

图 1-17 "三区三线"划定工作现场

图 1-18 《邳州市国土空间总体规划（2021—2035 年）》（草案）公示网页截图

资料来源：邳州市人民政府网站。

二是组织召开了 11 次市内相关汇报及审查会议。具体包括：2023 年 1 月 31 日，邳州市主管副市长专题听取了《邳州市国土空间总体规划（2021—2035 年）》成果汇报；2023 年 2 月 8 日，邳州市自然资源和规划局技术委员会在邳州市组织召开了《邳州市国土空间总体规划（2021—2035 年）》技术审查会；2023 年 2 月 17 日，邳州市委书记、市长专题听取了《邳州市国土空间总体规划（2021—2035 年）》成果汇报；2023 年 2 月 27 日，召开了第七十二次规划委员会专家审查会，审查了《邳州市国土空间总体规划（2021—2035 年）》成果；2023 年 3 月 10 日，《邳州市国土空间总体规划（2021—2035 年）》通过了邳州市规划委员会第七十二次审查工作会议审议；2023 年 3 月 16 日，邳州市人大常委会城建环资工委对《邳州市国土空间总体规划（2021—2035 年）》开展调研；2023 年 3 月 23 日，邳州市自然资源和规划局组织召开了《邳州市国土空间总体规划（2021—2035 年）》专家咨询会；2023 年 3 月 27 日，《邳州市国土空间总体规划（2021—2035 年）》通过邳州市政府第二十一次常务会议审议；2023 年 3 月 28 日，《邳州市国土空间总体规划（2021—2035 年）》通过邳州市第十八届人民代表大会常务委员会第九次会议审议；2023 年 3 月 31 日，中共邳州市委第八次常委会召开，研究《邳州市国土空间总体规划（2021—2035 年）》；2023 年 8 月 19 日，召开中共邳州市委常委会第十九次会议，专题讨论《邳州市国土空间总体规划（2021—2035 年）》的成果修改和上报审批（图 1-19 ～图 1-22 ）。

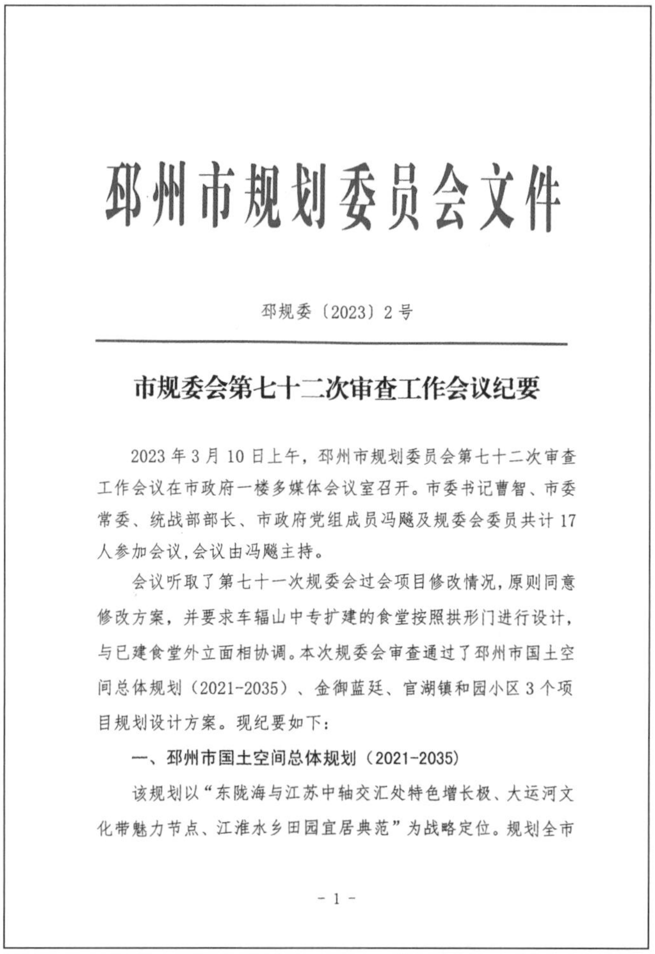

邳州市规划委员会文件

邳规委〔2023〕2 号

市规委会第七十二次审查工作会议纪要

2023 年 3 月 10 日上午，邳州市规划委员会第七十二次审查工作会议在市政府一楼多媒体会议室召开。市委书记曹智、市委常委、统战部部长、市政府党组成员冯飚及规委会委员共计 17 人参加会议，会议由冯飚主持。

会议听取了第七十一次规委会过会项目修改情况，原则同意修改方案，并要求车辐山中专扩建的食堂按照拱形门进行设计，与已建食堂外立面相协调。本次规委会审查通过了邳州市国土空间总体规划（2021-2035）、金御蓝廷、官湖镇和园小区 3 个项目规划设计方案。现纪要如下：

一、邳州市国土空间总体规划（2021-2035）

该规划以"东陇海与江苏中轴交汇处特色增长极、大运河文化带魅力节点、江淮水乡田园宜居典范"为战略定位。规划全市

- 1 -

图 1-19 邳州市规委会对《邳州市国土空间总体规划（2021—2035 年）》的审查意见

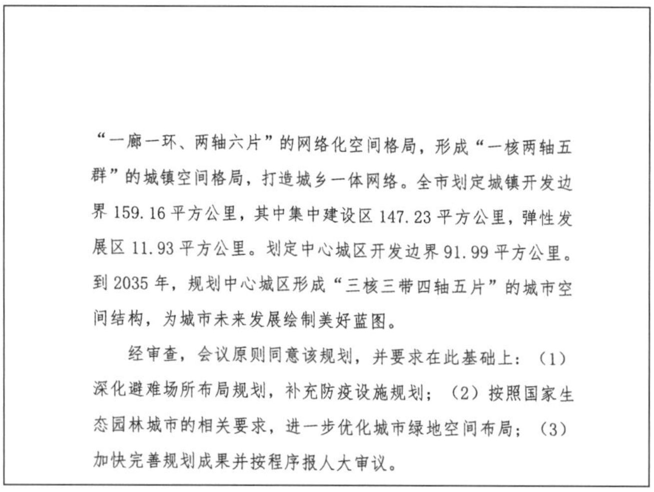

"一廊一环、两轴六片"的网络化空间格局，形成"一核两轴五群"的城镇空间格局，打造城乡一体网络。全市划定城镇开发边界 159.16 平方公里，其中集中建设区 147.23 平方公里，弹性发展区 11.93 平方公里。划定中心城区开发边界 91.99 平方公里。到 2035 年，规划中心城区形成"三核三带四轴五片"的城市空间结构，为城市未来发展绘制美好蓝图。

经审查，会议原则同意该规划，并要求在此基础上：（1）深化避难场所布局规划，补充防疫设施规划；（2）按照国家生态园林城市的相关要求，进一步优化城市绿地空间布局；（3）加快完善规划成果并按程序报人大审议。

图 1-19　邳州市规委会对《邳州市国土空间总体规划（2021—2035 年）》的审查意见（续）

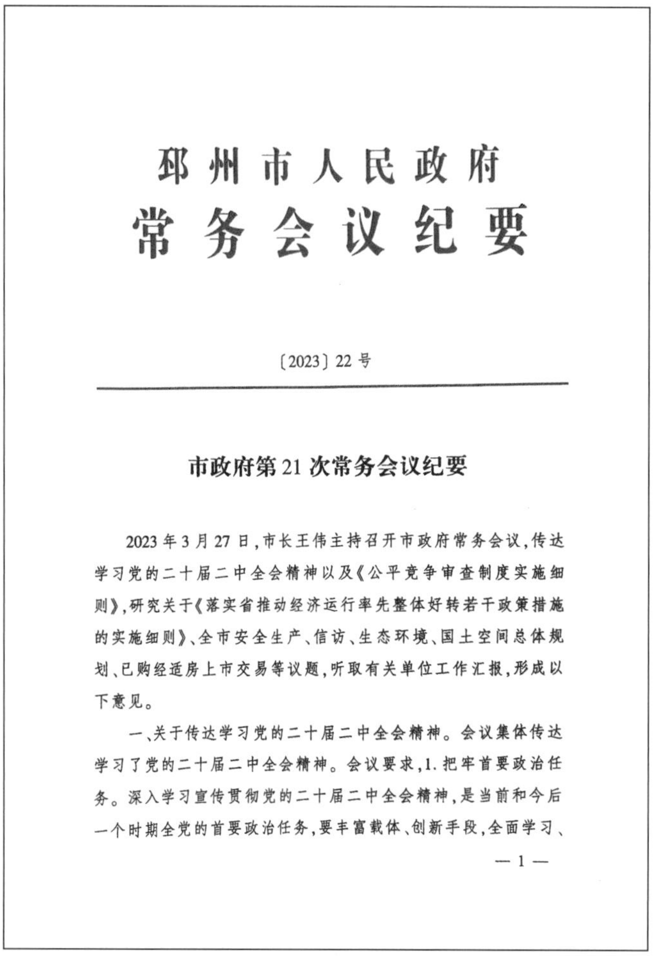

邳州市人民政府
常务会议纪要

〔2023〕22 号

市政府第 21 次常务会议纪要

2023 年 3 月 27 日，市长王伟主持召开市政府常务会议，传达学习党的二十届二中全会精神以及《公平竞争审查制度实施细则》，研究关于《落实省推动经济运行率先整体好转若干政策措施的实施细则》、全市安全生产、信访、生态环境、国土空间总体规划、已购经适房上市交易等议题，听取有关单位工作汇报，形成以下意见。

一、关于传达学习党的二十届二中全会精神。会议集体传达学习了党的二十届二中全会精神。会议要求，1.把牢首要政治任务。深入学习宣传贯彻党的二十届二中全会精神，是当前和今后一个时期全党的首要政治任务，要丰富载体、创新手段，全面学习、

— 1 —

图 1-20　邳州市人民政府对《邳州市国土空间总体规划（2021—2035 年）》的审查意见

七、关于国土空间总体规划(2021-2035)编制情况。会议听取了市自然资源和规划局关于国土空间总体规划(2021-2035)编制情况的汇报,并原则同意。会议要求,1.深化完善提升。突出针对性、实效性、实用性,结合各板块实际,进一步细化完善,严格按照程序报批。2.强化衔接一致。根据国土空间总体规划,完善各类专项规划,推动形成"多规合一"的一张蓝图。3.确保刚性执行。坚持"项目跟着规划走、用地跟着用途走"原则,充分发挥规划的刚性管控作用,确保一张蓝图绘到底。

图 1-20　邳州市人民政府对《邳州市国土空间总体规划（2021—2035 年）》的审查意见（续）

邳州市人大常委会文件

邳人常〔2023〕4 号

邳州市人民代表大会常务委员会关于《邳州市国土空间总体规划（2021-2035 年）》的决议

（2023 年 3 月 28 日邳州市第十八届人大常委会
第九次会议通过）

邳州市第十八届人民代表大会常务委员会第九次会议听取和审议了市政府关于《邳州市国土空间总体规划（2021-2035 年）》（以下简称《规划》）编制情况的报告。

会议指出,市政府落实党中央、国务院关于建立国土空间规划体系并监督实施的重大部署,组织编制邳州市国土空间总体规划,将主体功能区规划、土地利用规划、城乡规划等空间规划融合为统一的国土空间规划,实现"多规合一",形成主体功能明显、优势互补、高质量发展的国土空间格局,具有十分重要的意义和必要性。

会议认为,《规划》的指导思想明确,总体思路清晰,确定的国土空间开发保护格局和空间布局符合我市经济社会发展实际,对我市未来的发展既有战略引领性也有刚性控制性。《规划》的实施,必将对我市全力打造淮海经济区产业强市、奋力谱写邳州现代化建设新篇章产生重大而深远的影响。

会议原则同意市政府提请审议的《规划》,由市政府根据审议提出的意见,进一步修改完善后按法定程序上报。批准后严格依法依规组织实施,坚持"一张蓝图"绘到底,保障国土空间开发有序可持续发展。

图 1-21　邳州市人大常委会关于《邳州市国土空间总体规划（2021—2035 年）》的决议

图 1-22　邳州市人大常委会审议《邳州市国土空间总体规划（2021—2035年）》现场

　　三是通过了专家论证会及其他咨询会。具体包括：2023年3月7日，参加徐州市自然资源和规划局组织的徐州市下辖五县国土空间总体规划成果专题调度会；2023年3月13日，参加徐州市统筹全市五县在南京召开的市县国土空间规划（2021—2035年）规划成果专家咨询会；2023年6月21日，通过了徐州市人民政府受省自然资源厅委托组织召开的专家论证会（图1-23）。

徐州市人民政府办公室

会 议 通 知

邳州市人民政府，市各有关单位：

　　根据工作安排，市政府定于6月21日（星期三）下午召开国土空间总体规划专家论证会，专题论证《邳州市国土空间总体规划（2021-2035年）》。现将有关事项通知如下：

　　一、会议时间： 2023年6月21日（星期三）下午1:00

　　二、会议地点： 徐州市自然资源和规划局532会议室

　　三、参加人员

　　1.市资规局、发改委、生态环境局、住建局、交通局、农业农村局、水务局、林业局分管负责同志；

　　2.邳州市政府分管负责同志，邳州市自然资源和规划局相关负责同志及业务处室负责同志。

　　四、其他事项

　　1.请各单位严格控制参会人员，并将参会人员名单于6月19日下午4:00前通过OA系统报送至市政府总值班室。联系人：市政府办 ████，████████；市资规局 ████，███████。

　　2.请参会人员佩戴口罩。

徐州市人民政府办公室

2023年6月19日

图 1-23　《邳州市国土空间总体规划（2021—2035年）》专家论证会通知

　　四是参加了两次徐州市级关于规划成果及重点内容的调度审查会。具体包括：2023年8月13日，参加徐州市自然资源和规划局2023年第三次局长办公室会议（对五县国土空间总体规划的专题调度）；2023年8月17日，参加徐州市委、市政府对各县国土空间总体规划的专题调度会。

　　五是开展面向各级各部门的意见征询工作，包括面向邳州市相关部门及25个镇（街道）进行了两轮书面意见征询工作，面向徐州市级各部门及徐州市自然资源和规划局各处室进行书面意见征询，面向省级各部门及江苏省自然资源厅各处室进行书面意见征询（表1-1）。

表1-1　征求意见的相关部门

序号	江苏省相关部门	徐州市相关部门	邳州市相关部门
1	省自然资源厅	市自然资源和规划局	市自然资源和规划局
2	省发展改革委	市发展改革委	市发展改革委
3	省教育厅	市教育局	市教育局
4	省科技厅	市科学技术局	市科学技术局
5	省工业和信息化厅	市工业和信息化局	市经济发展局
6	省民政厅	市民政局	市民政局
7	省财政厅	市财政局	市财政局
8	省生态环境厅	市生态环境局	市生态环境局
9	省住房和城乡建设厅	市住房和城乡建设局	市住房和城乡建设局
10	省交通厅	市交通运输局	市交通运输局
11	省水利厅	市水务局	市水务局
12	省农业农村厅	市农业农村局	市农业农村局
13	省商务厅	市商务局	市商务局
14	省文化和旅游厅	市文化广电和旅游局	市文体广电和旅游局
15	省应急管理厅	市应急管理局	市应急管理局
16	省卫生健康委	市卫生健康委	市卫生健康委 市医疗保障局
17	省体育局	市体育局	市体育局
18	省统计局	市统计局	市统计局
19	省国防动员办公室	市国防动员办公室	市人民武装部
20	省国防科学技术工业化办公室	—	市人社局
21	省地震局	市地震局	市消防大队
22	省能源局		市供电公司
23	省林业局		市城管局
24	省通信管理局		开发区管委会
25	—	—	高新区管委会
26	—	—	21个镇人民政府

《邳州市国土空间总体规划（2021—2035 年）》按照反馈意见逐条修改完善规划成果并形成最终成果（包括规划文本、栅格图件、规划说明、八个专题研究报告、规划表格、矢量数据等全套成果数据库），以及相关报批文件（承诺事项落实情况说明、规划编制开展情况的说明、上位规划衔接及省级部门意见落实情况说明）。

2023 年 11 月 13 日，江苏省人民政府正式批复《邳州市国土空间总体规划（2021—2035 年）》（苏政复〔2023〕42 号）。同日，《邳州市国土空间总体规划（2021—2035 年）》成果在邳州市人民政府网站进行了公示。

1.2 突出"五度"，展现开门做规划

邳州按照国家、省、市关于国土空间规划的编制要求，确定"政府组织、专家领衔、部门合作、公众参与、科学决策"的思路。突出"五度"，即高度、深度、广度、全度、调度，委托一流规划设计团队承担修编任务，邀请国内知名专家把关，提高规划编制质量；组织各职能部门通力合作，协同规划，推进多规深度融合，统筹城乡发展；践行群众路线，广泛征求社会各界意见，提升公众参与成效，共绘美好蓝图，打造经典规划。

1.2.1 高度：规划领导小组专班督办，政府高度重视

2018 年 8 月，为加快建立邳州市国土空间规划体系，加强对规划编制工作的领导和协调，高质、高效完成新时代邳州市国土空间总体规划编制工作，邳州市原规划部门先后向分管副市长、市长、书记、市四套班子和市常委会做了 4 次汇报，全市上下统一思想，成立《邳州市城市总体规划（2018—2035 年）》修编工作领导小组（后改为国土空间规划工作领导小组）。领导小组办公室主要负责：制订总体工作计划，组织编制规划成果；协调各部门编制专业规划，协调解决规划编制中的技术问题；负责领导小组会议日常会务工作，提请召开领导小组会议；根据工作进展和需要，将规划阶段性成果与重大问题提请领导小组审查及协调、审定各部门的工作推进执行情况并进行督办，以工作简报形式向领导小组报告工作进展。

邳州市委书记担任《邳州市城市总体规划（2018—2035 年）》修编工作领导小组第一组长，并多次就规划编制工作作重要指示。在梳理中心城区功能定位的基础上，提出"两轴、两带、

六片区”的重点地区发展设想，明晰中心城区的空间结构；组织开展城市设计，为国土空间规划编制奠定基础；对邳州全域统筹、城乡融合发展作出重要指示，指导国土空间规划成果报批工作。领导小组下设办公室和12个专职小组。12个专职小组包括数字化地形图专职小组、战略研究专职小组、多规融合专职小组、生态环境专职小组、产业发展专职小组、综合交通专职小组、市政设施及城市安全专职小组、文化建设及城乡特色专职小组、公共服务专职小组、乡村振兴专职小组、专业技术咨询小组、监督考核专职小组。12个专职小组明确了牵头单位、工作职责，为确保国土空间规划高质量完成发挥了重要作用。

专栏1-5　12个专职小组工作职责分工

1. 数字化地形图专职小组：国土资源局牵头，规划局等部门配合。工作职责为开展现状图测绘、数字化地形图、统一坐标系。

2. 战略研究专职小组：市委研究室牵头，经济发展局、国土资源局、住房和城乡建设局、规划局、园林局、旅游局、市委农工办、公安局、邳州经济开发区、邳州高新技术产业开发区等部门配合。工作职责为综合部署区域、产业、空间、人口城镇化、品牌城市创建、公共空间治理等发展战略，形成与“两个一百年”奋斗目标相对应的城市发展愿景。

3. 多规融合专职小组：规划局牵头，发展改革与经济委员会、国土资源局、环境保护局、行政审批局等部门配合。工作职责为划定生态保护红线、永久基本农田保护红线、城市开发边界等各类边界线，确定全市域三区三线，优化行政审批制度，建设多规融合实施管理平台。

4. 生态环境专职小组：环境保护局牵头，国土资源局、规划局、住房和城乡建设局、园林局、水利局、农业委员会等部门配合。工作职责是根据邳州市生态特征及环境方面的核心问题，优化市域生态安全格局，加强山、水、林、田、河、湖生态保护和修复，提出环境污染治理举措。

5. 产业发展专职小组：发展改革与经济委员会牵头，重大项目办公室、商务局、农业委员会、旅游局、中小企业局、规划局、国土资源局、统计局、邳州经济开发区、邳州高新技术产业开发区等部门配合。工作职责为提出产业发展战略，促进“产城融合”，明确未来的重点产业体系和空间布局。

6. 综合交通专职小组：交通运输局牵头，住房和城乡建设局、规划局、交警大队、铁路办公室、港口管理处等部门配合。工作职责为统筹布局铁路、港口、高速公路、通用机场等重大交通设施，建设综合交通枢纽，完善城乡路网和公共交通体系建设。

7. 市政设施及城市安全专职小组：住房和城乡建设局牵头，水利局、城市管理局、地震局、气象局、公安局、人民防空办公室、供电公司、邮政局、电信局、消防大队等部门配合。工作职责为确定基础设施建设的目标与指标，全面推进智慧城市、海绵城市、综合管廊、城市基础设施、城市安全设施等的建设及完善。

8. 文化建设及城乡特色专职小组：文化广电新闻出版与体育局牵头，住房和城乡建设局、规划局、园林局、旅游局、史志办公室等部门配合。工作职责为加强历史文化保护与利用，研究挖掘城乡特色、水城特色，传承发扬"楚韵汉风、诗意田园"的特色定位。

9. 公共服务专职小组：规划局牵头，民政局、教育局、卫生局、商务局、园林局等部门配合。工作职责为确定规划期内公共服务设施、公园绿地建设标准和布局，研究15分钟社区生活圈布局，提高保障民生的公共服务水平。

10. 乡村振兴专职小组：市委农工办牵头，农业委员会、发展改革与经济委员会、住房和城乡建设局、规划局、国土资源局、旅游局、文化广电新闻出版与体育局、公安局等部门配合。工作职责为明确乡村产业、乡村空间、城乡设施一体化发展策略，促进城乡统筹发展。

11. 专业技术咨询小组：规划局牵头，由省市特聘专家、本市专业技术人员及有关代表组成。工作职责为规划编制过程中研究讨论重点问题，提出相关建议。

12. 监督考核专职小组：重点办牵头，市委、市政府督查室等部门配合。工作职责为统筹制定考核指标体系和监督考评机制，实施监督考核，确保新一轮总规高质量完成。

为贯彻落实市委、市政府关于邳州市国土空间总体规划编制工作要求，邳州市自然资源和规划局成立了邳州市国土空间规划编制工作专班，旨在凝聚工作力量，加快推进邳州市国土空间总体规划编制。王光辉局长牵头组织，明确了规划编制工作要求，强调要体现战略性、提高科学性、加强协调性、注重操作性；韩召军副局长作为邳州市国土空间总体规划工作的分管副局长，对规划编制原则和理念提出前瞻性要求。

工作专班根据实际，制定切实可行的工作方案，建立健全科学决策、问题解决、定期例会等一套完善的工作推进机制，及时研究工作推进情况，有效解决工作中存在的困难和问题，保证各项工作顺利推进。建立专班工作汇报制度，及时将工作开展过程中存在的问题、建议、进展向市工作领导小组汇报。各专班人员明确时间，倒排计划，高效高质量完成工作任务，进一步促进工作效能建设。不断加强理论学习，努力提高对新时期规划编制工作的认识。同时，健全保密制度，确保规划成果等各类信息安全。

其中，10 名专职人员在邳州市国土空间总体规划编制工作领导小组和市自然资源和规划局的领导下，贯彻落实领导小组以及局领导的决策，具体负责国土空间总体规划编制工作的组织实施：负责统筹开展规划编制前期调研资料收集、专题研究、规划文本编制、规划实施机制建设、数据库建设、监测预警信息平台建设等各项工作，确保规划编制的顺利推进；全程跟踪、指导、统筹开展、审查规划编制过程各阶段、各工作环节的工作，及时解决相关问题；及时将工作开展过程中存在的问题、建议、阶段进展向市工作领导小组汇报。

21 名各镇国土所的兼任人员全程跟踪协助规划编制工作，提供规划编制各重要环节、工作决策资料、建议及技术支撑；参与规划编制前期调研、资料提供、收集、整理等工作；负责传达上级部门工作精神，对接邳州市国土空间总体规划编制工作领导小组相关工作要求；统筹推进、完成本科室、单位在规划编制工作的各项职责，充分发挥各科室、单位在规划编制、管理、实施、监督全过程的协同力量。

1.2.2 深度：跨行业顶尖设计单位合作，高水平专家领衔

一是委托高水平规划团队承担规划编制工作。北京清华同衡规划设计研究院和江苏省土地勘察设计规划院共同承担邳州市国土空间总体规划的编制工作。北京清华同衡规划设计研究院长期服务于国土空间规划改革核心部门，承担多项国土空间规划相关技术导则和技术指南编制工作，是国家空间规划标准制定的主导者和技术研究的领军者，也是《邳州市城市总体规划（2011—2030）》的编制单位，业务水平高，工作扎实，规划编制具备前瞻性。江苏省土地勘察设计规划院隶属江苏省自然资源厅，对国家及省市相关政策掌握透彻，长期参与并制定江苏省多项国土空间规划相关行业标准和编制原则，在江苏省内土地规划业界具有领先水平，政策导向把握准确。

专栏 1-6 郑筱津副院长在邳州市城市总体规划修编动员会上的发言

2018 年 10 月 16 日，北京清华同衡规划设计研究院副院长郑筱津在邳州市城市总体规划修编动员会上做发言。以下为发言内容：

《邳州市城市总体规划（2011—2030）》（以下简称现行总规）自 2012 年 6 月省政府批准实施以来，对邳州市城乡规划管理起到了切实的指导作用，有力引领了社会经济和城乡建设全面发展，邳州市城镇人口逐年增加，城市建设框架进一步拉开，城市建设用地规模扩大至 54 平方千米，新老城区建设有序推进，形成"四纵六横"路网格局，公共服务设施、

市政基础设施逐步完善，在全国县域经济排名中跃居第 38 位。但是，近年来城乡发展与现行总规还存在一定的差异，邳州发展也面临新形势、新情况，江苏省和徐州市上位规划的修编对邳州提出了新要求，新一轮城市总体规划修编势在必行。

2018 年 1 月，市政府向省政府请示开展总规修编工作，2018 年 5 月，经省政府同意，省住建厅正式批准修编《邳州市城市总体规划（2018—2035 年）》（以下简称新一轮总规），成为党的十九大以来全省首个获得修编批复的县级城市总体规划。

新一轮总体规划将体现以下 4 个特点：

1. 新时代、新理念

党的十九大报告明确了 2035 年和 2049 年两个发展阶段目标，现行总规的规划年限是 2011—2030 年，与第一阶段目标的时间节点不一致，为落实国家要求，将提出分阶段目标。

国家对生态文明建设、新型城镇化建设、城市规划建设提出的"五大理念""生态文明建设""以人民为中心""高质量发展"等新理念，在编制内容上对城市规划提出新要求。

2. 新体制、新要求

国家机构改革设立国有自然资源资产管理机构，为规划权的高度统一，也为多规融合奠定坚实基础。在新一轮总规修编中，各职能部门应主动融入总规修编工作，积极探索"多规融合"路径与机制，搭建多规融合信息管理平台，坚持一张蓝图干到底，促进邳州城市管理与治理能力现代化。让城市总体规划龙头作用更加凸显，使其真正成为统筹全市社会经济工作的施政纲领。

具体而言，应重点处理好三大关系。第一，要处理好保护和发展的关系，先底后图，在保护好生态底线的基础上谋发展；第二，要处理好规划和实施的关系，保证规划管用、好用；第三，要处理好规划和管理的关系，落实上位要求，指导下位和专项规划编制。

3. 新战略、新定位

2017 年 5 月，省委提出"1+3"区域发展战略新蓝图，对于加快淮海经济区洼地崛起具有重大的战略意义。2017 年 6 月，国务院批复《徐州市城市总体规划（2007—2020 年）（2017 年修订）》，正式确定了徐州为淮海经济区中心城市的城市性质。

在新的历史机遇下，必须把邳州放到淮海经济区这个大格局中去定位、去谋划，着力研究论证邳州融入淮海经济区发展路径，充分利用徐州、新沂、睢宁等周边城市的高铁站、机场等重大交通设施和区位优势，围绕"工业立市、产业强市"的发展战略，提升邳州功能定位，释放集聚效能，把邳州打造成淮海经济区物流和先进制造业中心。

同时，充分挖掘邳州生态资源禀赋和历史文化底蕴，加快打造有历史记忆、有地域特色、有时代特征、有个性魅力的现代化中等城市。

未来，邳州要力争在建设淮海经济区中探路先行，从产业发展和城市特色两方面着手，进一步提升邳州影响力和竞争力。

4. 新模式、新路径

近年，邳州市以习近平新时代中国特色社会主义思想为指导，转变发展观念和方式，推动了城乡高质量发展，全市经济社会已经进入新阶段、迈上新台阶。一系列重大项目的确定和实施，公共空间治理、品牌城市创建等新举措，对邳州发展提出新要求，必须通过总规修编对市域和中心城区空间格局进行优化调整。

在新一轮总规修编中，应合理确定城市人口与用地规模，划定城市开发边界，弹性预控城市空间框架，优化全域空间格局；统筹城乡协调发展；整合产业空间，实现集约高效；完善公共服务设施和交通、市政、安全设施；系统改善生态环境；进一步提升"楚韵汉风，诗意田园"的城市特色。为建设宜居、宜业、宜游的现代化城市提供规划保障。

二是多次组织/参加专家研讨会/论证会。2020年9月、2023年3月、2023年6月，分别组织/参加了3次专家研讨会/论证会，邀请国内省内知名专家，对邳州市国土空间总体规划编制工作提出指导性意见和建议。2023年2月27日，召开了邳州市自然资源和规划局专委会；2023年3月10日，召开了邳州市规划委员会第七十二次审查工作会议，邀请了邳州市规划领域的相关专家和领导，对邳州市国土空间总体规划编制提出指导性意见。

专栏1-7 邳州市国土空间总体规划3次专家研讨会概况

邳州市国土空间总体规划专家研讨会概况

2020年9月13日，邳州市国土空间总体规划专家研讨会在南京召开。参会专家有：南京大学李满春教授、南京农业大学欧名豪教授、南京大学张京祥教授、南京师范大学张小林教授、江苏省自然资源厅耕地保护监督处王黎明处长、江苏省自然资源厅国土空间规划局黄锋进四级调研员、徐州市自然资源和规划局张可远副局长、北京清华同衡规划设计研究院郑筱津副院长、江苏省土地勘测规划院沈春竹副院长等。参会专家学者对汇报内容进行细致分析和点评，结合国家、省级国土空间规划体系相关政策，研判当前规划体系中存在的矛盾问题，为邳州市国土空间总体规划编制工作提出了有针对性、指导性的意见和建议。专家指出：要进一步完善总规编制阶段性成果，为后期工作夯实基础；要加强探索创新、科学论证，提出更有效的发展措施，实现规划编制的可操作性，为邳州市打造贯彻新发展理念区域样板先行军打下坚实基础。

徐州五市县国土空间总体规划专家咨询会概况

2023 年 3 月 13 日，徐州市为统筹全市五县国土空间总体规划编制工作，在南京召开了市县国土空间总体规划（2021—2035 年）规划成果专家咨询会。会议邀请了 7 位专家组成专家组，包括：南京大学崔功豪教授、东南大学段进院士、南京农业大学吴群教授、南京师范大学张小林教授、中国科学院南京地理与湖泊研究所陈雯研究员、江苏省土地勘测规划院沈春竹副院长、江苏省规划设计集团梅耀林总经理。专家指出，规划应进一步落实上位规划中明确的约束性指标，保障底线安全；进一步突出问题导向和目标导向，坚持高质量发展，优化完善国土空间开发保护指标体系；对接主体功能区优化完善的相关要求，进一步研究乡镇级主体功能区的细化。

《邳州市国土空间总体规划（2021—2035 年）》专家论证会概况

2023 年 6 月 21 日，受江苏省自然资源厅委托，徐州市人民政府在徐州组织召开了《邳州市国土空间总体规划（2021—2035 年）》专家论证会。会议邀请了 5 位专家组成专家组，包括：南京师范大学张小林教授、中国科学院南京地理与湖泊研究所孙伟研究员、中国矿业大学朱文龙副教授、徐州市规划设计院沙朝勇院长、中国城市发展研究院陈冬总经理。经过充分讨论，专家组建议：加强国土空间总体格局与城镇体系、产业布局等之间的关联性研究，强化对乡村地区发展的空间指引，优化城乡国土空间布局；进一步明确国土空间功能结构的调整目标，优化中心城区用地结构和布局；加强与交通、水利、文化等相关专项规划的衔接和协调。专家组同意规划成果通过论证，建议按专家意见修改完善后，依程序报批。

1.2.3 广度：网络调查与街头随访相结合，公众广泛参与

一是开展面向不同主体的问卷调查。为了更好地了解邳州城乡居民的需求和邳州市基本情况，邳州市国土空间总体规划修编坚持以人为本、开门做规划，通过微信、网页回答问题、街头随机抽访等方式，发放了六类调查问卷（城市居民问卷调查、镇区居民问卷调查、乡村振兴战略专题问卷调查、重点企业问卷调查、城乡特色认知问卷调查、国土空间规划城市体检评估问卷调查），覆盖城市居民、镇区居民、乡村居民、重点企业等不同调查主体，贯穿规划编制不同阶段，调研覆盖面广、关注全面，不仅调查设施需求、企业诉求，更加注重对人的流动与意愿、城乡特色挖掘、城市空间品质等问题的调查。

专栏1-8　问卷调查结果分析

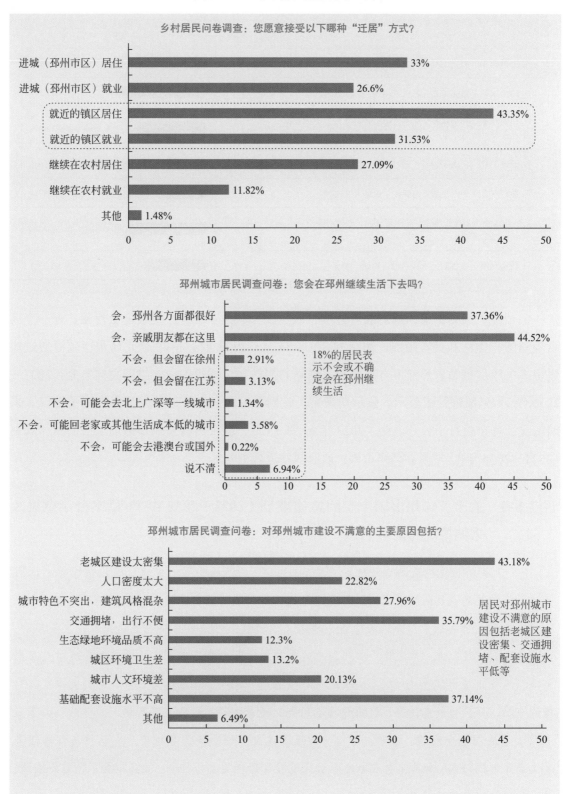

您认为邳州最具特色的历史人文资源是：[多选题]

选项	小计	比例	
A.山地风景（九龙山风景区：岠山风景区）	124		57.67%
B.运河风情、滩涂风光（京杭大运河、古运河风光带）	135		62.79%
C.层林尽染、鸟语花香（生态古迹、银杏之乡；天下水杉、邳州独秀；自然野趣、世外桃源）	111		51.63%
D.遗址遗迹（大墩子遗址、刘林遗址、梁王城遗址）	70		32.56%
E.秦砖汉瓦（岠山汉墓、占城崮子汉墓、九女墩）	61		28.37%
F.红色革命（碾庄纪念馆、王杰纪念馆、李超时纪念馆、小萝卜头纪念馆等）	122		56.74%
G.民俗风情（农民画、木板年画、剪纸、柳琴戏、竹马等）	93		43.26%

二是开展规划草案和规划成果公示。为广泛听取各方意见、凝聚公众智慧，进一步提高规划的科学性和可实施性，2022 年 12 月 31 日—2023 年 1 月 29 日，邳州市政府通过邳州市人民政府网站、邳州市自然资源和规划局网站对《邳州市国土空间总体规划（2021—2035 年）》草案进行了公示。公示期满后，收到 2 份民众意见，并就征集的意见建议、采纳情况及理由进行了公开说明。2023 年 11 月 13 日，获批后的《邳州市国土空间总体规划（2021—2035 年）》成果在邳州市人民政府网站进行了公示。

专栏 1-9 关于《邳州市国土空间总体规划（2021—2035 年）》草案公示意见及采纳情况的说明

（一）关于打通桃花岛公园规划"最后一公里""清远街"的建议。采纳该意见。本次规划已将桃花岛西侧的"清远街"贯通，打通了该区域的道路，提高该区域的可达性。

（二）关于改善城中村居民居住条件的建议。采纳该意见。我市将聚焦提高人民生活品质、推动高质量发展，进一步深化中心城区用地布局方案和更新改造策略。重点结合城中村现状土地利用及房屋建筑情况、所处城市地段及经济发展状况、城中村与城市发展的关系及规划功能布局、居民改造意愿等，提出针对不同类别城中村的不同改造提升模式。另外，由于城中村改造涉及前期沟通、规划、立项、拆迁、建设、融资等众多环节，我局将与住房城乡建设局等部门一起，加快完善我市城中村改造提升的相关工作机制、政策举措、计划安排等，进一步提升城市环境品质、精细化管理水平和居民幸福感。

1.2.4 全度：专职小组全过程参与，多部门紧密合作

一是成立由各部门牵头的规划编制工作专职小组。12个专职小组负责审查国土空间规划中的相关业务内容并提出修改意见。

二是加强部门调研与沟通。规划编制过程中，编制单位分别于2018年11月、2019年10月、2021年5月、2022年11月等，组织了多次现场调研及资料收集工作，与各部门、镇（街道）召开了集中座谈会，并在高新区、经开区、关键部门、重点企业、各镇进行了上门补充调研并进行了专题座谈，多轮补充收集资料和更新数据。

三是加强与各部门负责编制的相关专项规划的对接。加强总体规划、专项规划统筹，平衡各专项领域空间需求，提高规划的协调性。在规划编制过程中，持续与《邳州市国民经济和社会发展第十四个五年规划和2035年远景目标纲要》《邳州市镇村布局规划》，以及《邳州市综合交通专项规划》《邳州市教育设施布局规划》等各类公共服务设施、市政基础设施专项规划进行对接，以确保国土空间规划编制的科学合理性和可实施性。

四是落实面向部门的规划意见征询。《邳州市国土空间总体规划（2021—2035年）》于2023年2月面向邳州市19家相关部门、单位（邳州市经济发展局、邳州市教育局、邳州市民政局、邳州市生态环境局、邳州市交通运输局、邳州市水务局、邳州市城管局、邳州市农业农村局、邳州市住建局、邳州市商务局、邳州市科技局、邳州市人社局、邳州市医疗保障局、邳州市文体广电和旅游局、邳州市卫健委、邳州市应急管理局、邳州市消防大队、邳州市供电公司、邳州市人民武装部）进行了两轮意见征询，并对收到的反馈意见进行了逐条研究，基本全部采纳或沟通达成一致（图1-24）。

1.2.5 调度：省、市、县、镇、村共同推动，上下密切联动

一是市领导多次赴省、市对接协调。在规划编制的过程中，市领导多次赴南京、徐州对接协调，积极争取省、市政策的支持，在"三调"工作、基本农田核减、大运河管控区划定、专家团队选择、数据库汇交等方面做到了资源利用最大化、空间保障最大化、编制团队最优化。邳州市国土空间规划编制工作在徐州处于领先地位，多次作为典型交流发言，为规划编制工作奠定了良好的基础。

二是市、县、镇、村共同推进国土空间规划编制。自上而下落实市级规划，自下而上掌

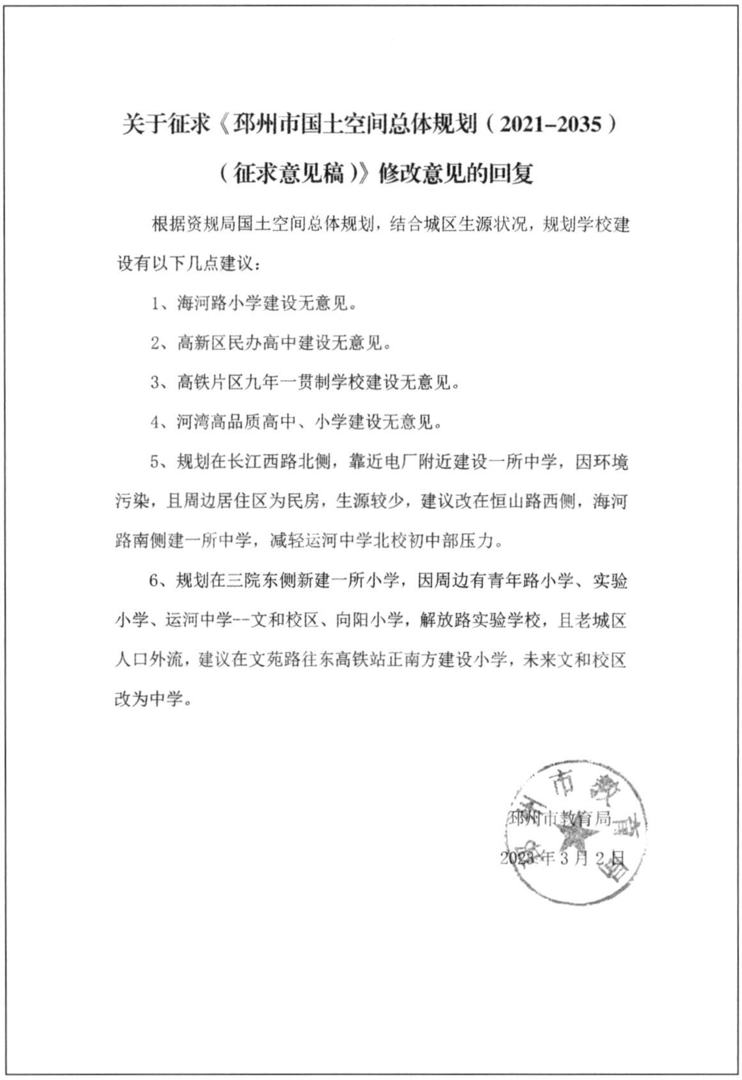

关于征求《邳州市国土空间总体规划（2021–2035）
（征求意见稿）》修改意见的回复

根据资规局国土空间总体规划，结合城区生源状况，规划学校建设有以下几点建议：

1、海河路小学建设无意见。

2、高新区民办高中建设无意见。

3、高铁片区九年一贯制学校建设无意见。

4、河湾高品质高中、小学建设无意见。

5、规划在长江西路北侧，靠近电厂附近建设一所中学，因环境污染，且周边住区为民房，生源较少，建议改在恒山路西侧，海河路南侧建一所中学，减轻运河中学北校初中部压力。

6、规划在三院东侧新建一所小学，因周边有青年路小学、实验小学、运河中学--文和校区、向阳小学，解放路实验学校，且老城区人口外流，建议在文苑路往东高铁站正南方建设小学，未来文和校区改为中学。

邳州市教育局

2025年3月2日

图 1-24　邳州市教育局关于征求《邳州市国土空间总体规划（2021—2035年）（征求意见稿）》修改意见的回复

握发展诉求，确保规划科学性、可操作性。向上，按照徐州"每月一次调度各县进度、每1—2个月召开一次主题对接会"的要求，就基本农田正向优化、人口城镇化、城镇体系、存量用地与低效用地情况、规划指标体系与规划传导、自然资源保护与利用、规划纲要等内容，向徐州市自然资源和规划局进行汇报交流。向下，同步启动并全面开展21个镇级国土空间总体规划编制；并就"一张底图"、产业空间、人口与村镇体系、流量和存量用地摸查、国土整治与生态修复、"三区三线"划定、镇区用地布局方案等内容，与各镇召开主题对接会议、组织共同办公等；开展村庄规划试点，通盘考虑农村土地利用、产业发展、居民点布局、人居环境整治、生态保护和历史文化传承等问题，将国土空间规划作为引导乡村地区全面振兴、管控乡村地区国土空间用途的重要抓手。

三是面向省级、市级、镇级进行多轮意见征询。《邳州市国土空间总体规划（2021—2035 年）》于 2023 年 7—10 月征求了江苏省自然资源厅 8 个有关局和处室的意见，征求了 22 家省级各相关部门、单位的意见；于 2023 年 8 月 17 日通过徐州市委、市政府对各县（市）国土空间总体规划编制情况的专题调度会审议，于 2023 年 3—6 月面向徐州市自然资源和规划局 12 个处（室）进行了两轮意见征询；于 2023 年 6 月面向徐州市 19 家相关部门进行了两轮意见征询；于 2023 年 2 月 27 日征求了市下辖各街道和镇（21 个镇、4 个街道）的意见（图 1-25）。对于收到的反馈意见，逐条研究、深入沟通，规划编制团队基本上全部采纳或沟通达成一致。

图 1-25　规划编制团队与徐州市自然资源和规划局对接交流现场

1.3　融合"多规"，构建规划成果体系

国土空间总体规划是主体功能区规划、土地利用总体规划、城乡规划等空间规划"多规融合"后的系统性规划。邳州市国土空间总体规划是制定邳州市国土空间发展政策，开展国土空间资源保护利用修复和实施国土空间规划管理的蓝图，具有战略引领和刚性管控作用。

规划成果由规划文本、图件、数据库和相关附件组成（图1-26），规划文本、图件和数据库具有同等法律效力，规划说明、专题研究报告、程序性文件汇编等收入附件。

1规划文本	文件夹
2栅格图件	文件夹
3规划表格	文件夹
4矢量数据	文件夹
5数据说明文档	文件夹
DataCheckResult	文件夹
320382邳州市成果报送清单	Microsoft Word 文档
320382邳州市成果报送清单	WPS PDF 文档
320382邳州市规划成果基本信息	文本文档
320382邳州市县级国土空间总体规划电子成果数据_报审_20240109203736.DCJOB	DCJOB 文件
320382邳州市县级国土空间总体规划电子成果数据_报审_20240109204750.DCJOB	DCJOB 文件
320382邳州市县级国土空间总体规划电子成果数据_报审_20240112123857.DCJOB	DCJOB 文件
邳州市国土空间总体规划数据库审查意见	WPS PDF 文档

图 1-26 报送成果文件明细

1.3.1 规划文本

规划文本由十四章内容构成，分别是总则、规划基础、目标定位与空间策略、区域统筹、市域国土空间格局、市域资源要素保护与利用、市域城乡融合发展、中心城区布局优化、综合交通、历史文化遗产保护、要素支撑体系、生态修复和国土综合整治、规划实施保障和附则。

另外，文本中还有12个附表，包括：规划指标表；市域国土空间功能结构调整表；中心城区城镇建设用地结构规划表；耕地、永久基本农田、生态保护红线、城镇开发边界规划指标分解表；自然保护地一览表；历史文化资源一览表；重点建设项目安排表；乡级行政区主体功能定位表；中心城区规划主次干路一览表；中心城区蓝线划示表；中心城区绿线划示表和中心公共服务设施一览表。

1.3.2 图件

规划图件由31张图纸构成。

其中，市域图纸有19张（包括：市域国土空间用地现状图、市域自然保护地分布图、市域历史文化遗存分布图、市域自然灾害风险分布图、乡级行政区主体功能定位分布图、市域国土空间总体格局规划图、市域国土空间控制线规划图、市域生态系统保护规划图、市域农业空间规划图、市域城镇体系规划图、市域历史文化保护线规划图、市域综合防灾减灾规划图、市域城乡生活圈和公共服务设施规划图、市域综合交通规划图、市域基础设施规划图、市域国土空间规划分区图、市域生态修复和综合整治规划图、市域矿产资源规划图、市域造林绿化空间规划图）。

中心城区图纸有12张（包括：中心城区国土空间用地现状图、中心城区国土空间规划分区图、中心城区土地使用规划图、中心城区开发强度分区规划图、中心城区控制线规划图、中心城区城市更新规划图、中心城区绿地和开敞空间规划图、中心城区公共服务设施体系规划图、中心城区市政基础设施规划图、中心城区道路交通规划图、中心城区综合防灾减灾规划图、中心城区地下空间规划图）。

1.3.3 数据库

规划数据库共包括124个图层。其中，市域有92个图层（包括现状用地用海、现状自然保护地分布、现状历史文化遗存分布、乡级行政区主体功能定位、耕地保护红线、永久基本农田保护红线、生态保护红线、城镇开发边界、全域详细规划编制单元等），中心城区有32个图层（包括中心城区范围、中心城区规划分区、中心城区规划用地用海、中心城区绿地与开敞空间、中心城区地下空间开发重点区域、中心城区城市更新重点区域、中心城区城市更新单元、中心城区详细规划编制单元等）。

表1-2 《邳州市国土空间总体规划（2021—2035年）》数据库主要图层一览表

规划范围	序号	图层分类	图层名称
县域	1	境界与行政区	县级行政区、乡镇行政区、村级行政区
	2	分析评价	生态保护重要性评价结果、农业生产适宜性评价结果、城镇建设适宜性评价结果、生态系统服务功能重要性分布、生态脆弱性分布
	3	基期年现状	现状用地用海、现状自然保护地分布、现状历史文化遗存分布、现状自然灾害风险分布（点）、现状自然灾害风险分布（线）、现状自然灾害风险分布（面）、城区范围、城区实体地域、现状矿产资源分布

续表

规划范围	序号	图层分类	图层名称
县域	4	目标年规划	乡级行政区主体功能定位、耕地保护红线、永久基本农田保护红线、生态保护红线、城镇开发边界、天然林、生态公益林、湿地、基本草原、蓄滞洪区、水源涵养地、河湖水系、河湖岸线、矿产资源开采保护线、洪涝风险控制线、历史文化保护线、文物保护单位（点）、文物保护单位（面）、历史文化名城、历史文化街区、历史文化名镇、历史文化名村、传统村落、历史建筑（点）、历史建筑（面）、历史环境要素、大遗址、地下文物埋藏区、水下文物保护区、世界文化遗产、世界文化与自然混合遗产、风景名胜区、中国及全球重要农业文化遗产、世界灌溉工程遗产、国家水利遗产、国家工业遗产、尚未核定公布为文物保护单位的不可移动文物（点）、尚未核定公布为文物保护单位的不可移动文物（面）、工业用地控制线、生态系统（面）、生态廊道、自然保护地、规划造林绿化空间、农业生产空间布局（面）、永久基本农田储备区、耕地质量等级等别分区、城镇体系（点）、镇村体系（点）、城镇产业空间布局（面）、用地用海规划分区、规划用地用海、存量低效用地再利用重点区域、耕地后备资源、防灾减灾设施（点）、防灾减灾设施（线）、防灾减灾设施（面）、重大交通基础设施（点）、重大交通基础设施（线）、重大交通基础设施（面）、重大基础设施（点）、重大基础设施（线）、重大基础设施（面）、生态修复和国土综合整治重大工程（点）、生态修复和国土综合整治重大工程（线）、生态修复和国土综合整治重大工程（面）、近期重大项目（点）、近期重大项目（线）、近期重大项目（面）、重点建设项目（点）、重点建设项目（线）、重点建设项目（面）、乡镇规划导引、村庄布点导引、村庄建设边界、全域详细规划编制单元
中心城区	5	基期年现状	中心城区现状用地用海
	6	目标年规划	中心城区范围、中心城区规划分区、中心城区规划用地用海、中心城区绿地与开敞空间、中心城区地下空间开发重点区域、中心城区保障住房、中心城区城市蓝线、中心城区城市绿线、中心城区城市紫线、中心城区城市黄线、中心城区开发强度分区、中心城区视线通廊、中心城区风貌特色分区、中心城区建筑高度分区、中心城区建筑密度分区、中心城区公共服务设施（点）、中心城区公共服务设施（面）、中心城区市政公用设施（点）、中心城区市政公用设施（线）、中心城区市政公用设施（面）、中心城区交通设施（点）、中心城区交通设施（面）、中心城区道路中心线、中心城区道路红线、中心城区防灾减灾设施（点）、中心城区防灾减灾设施（线）、中心城区防灾减灾设施（面）、中心城区灾害风险区、中心城区城市更新重点区域、中心城区城市更新单元、中心城区详细规划编制单元

1.3.4　相关附件

相关附件包括：规划说明、专题研究报告、规划编制开展情况的说明、上位规划衔接及省级部门意见落实情况说明、规划批复、规划表格等。

第 2 章 变革破题：回顾展望与创新探索

2.1 回顾：邳州历版城市总体规划的演进

2.1.1 邳县县城总体规划（1960 年）

1954 年秋，邳县县城由邳城镇迁到陇海铁路和大运河交会处的运河镇，设治之时，就开始道路建设。20 世纪 50 年代，修筑青年路、民主路、建国路、红星路、跃进路、新民路 6 条主干道，同时兴建办公与生活用房，以及商业、医疗、教育及娱乐等设施。60 年代中后期，修筑了建设路、运西路、文化路、镇北二路 4 条主干道，邳县港和酒厂以及化肥、肉联、棉纺、面粉等工厂也相继建成，城区范围扩大。1970 年以后，形成以青年路、建设路十字街口为中心的商业闹市区。同时，形成县城东部为行政文化生活区，铁路以北为工业区，西部为港口区，西北为仓库区的格局。

2.1.2 邳县县城总体规划（1980 年）

1978 年党的十一届三中全会以后，随着经济社会的发展，城市规划的地位和作用日益显现出来，江苏重新启动城市总体规划的编制工作。1980 年 12 月，邳县着手开展县城总体规划的编制工作，1982 年 6 月 7 日，江苏省人民政府以苏政复〔1982〕42 号文件形式正式批准了《邳县县城总体规划》，这次规划确定县城以向北发展为主、向东严格控制的原则；南至大运河大堤，北至镇北二路（今珠江路），东至六保河的规划区范围。

随着城市的发展，原规划区范围已不适应经济发展和城市建设的需要。1985 年，根据县城发展远景规划，对县城原规划区范围进行扩大。1986 年 4 月，徐州市人民政府同意邳县县城规划区范围扩大：北扩至官湖河和前沈大沟、南至彭河、西至大运河和三汊河为界。

2.1.3　邳州市城市总体规划（1994—2010 年）

1992 年，邳州撤县设市。1994 年，邳州市人民政府对城市总体规划进行调整，1995 年 5 月，江苏省人民政府批准了该规划（以下简称 1994 版总规），这版规划分为近期（1994—2000 年）、远期（2001—2010 年）、远景（2011—2030 年左右）三个期限，依托大运河，以旧城区为基础，向东、向北发展，以建设路为城市生活轴线，形成以旧城为中心，新城为副中心的单核城市布局结构。北到官湖和前沈大沟，东到市域边界，南到连霍高速公路（20 世纪 90 年代初规划），西到彭河及闫家、大巩家、和庄一线。

规划重点内容及实施评估情况包括：

一是市域城镇体系规划。1994 版总规的市域城镇体系空间结构规划为：以邳州市区为发展中心，以陇海线、邳睢线、邳苍线、310 线、枣泗线为纵横发展轴线和其放射多节点式的交通干线网络所联结的三级城镇体系布局。从 2010 年现状城镇空间结构来看，城镇空间布局较为平均，初步形成"点轴式"布局，但陇海线的产业集聚优势还不够突出。

二是城市性质。1994 版总规确定的城市性质为"东陇海地带重要水陆交通、商贸中心城市"。1994 年以来，邳州市城市对外交通条件有了很大的改善，邳州作为水陆交通、商贸中心城市的地位得到进一步强化，交通可达性的提高使邳州在招商引资方面的成效明显。

三是城区空间布局及发展方向。1994 版总规提出，改造老城区，发展新城区，形成以老城为中心、新城为副中心的城市布局结构。依托京杭大运河，以老城区为主，向东、向北发展，形成以邳州港为圆心的扇形团块状城市形态。近期发展以老城区为依托，逐步向北发展。远期加速老城区改造，重点建设新城区。从之后实施情况来看，行政中心向北迁移，城市主要向北发展，与 1994 版总规确定的发展方向一致。随着炮车镇（原属新沂）划归邳州市，解决了城市向东发展用地不足的问题。

四是城市居住用地布局。1994 版总规中，规划以铁路为分界线，将居住用地划为新城区与老城区两片，其中新城区分为城北、城东、城中、三连四个居住区，老城区以东兴路为界分为两个居住区。该规划中人均居住用地指标均偏低，不能满足居民生活发展的需要。从 2002 年实施情况来看，城市居住用地增加较快，已经突破 2010 年规划预期。

五是公共设施用地布局。1994 版总规中，规划市政府旧址东沿扩大作为行政中心，珠江路以北、建设北路两侧作为新城区行政办公用地。改造大榆街为风味小吃步行街。新城区中心以南安排文化宫、俱乐部、展览馆、影剧院等，形成新区文化娱乐中心。在建设北路东、徐海路北布置大型体育活动中心，其规模及标准按省级体育场馆设置。增加城北区、三连区、桃花岛区综合型医院。规划在城东风景区附近、六保河两侧安排教育科研区。从实施情况来看，2010 年，邳州城市公共设施用地规模尚未达到 1994 版总规 2010 年公共设施用地的规划预期，实施率为 80.05%。

六是工业用地布局。1994 版总规中，对现状工业用地进行合理调整，形成 6 片相对独立的工业片区：长江路以南、天山路以西、光明路以北、沿河北路以东规划为以电厂发展为主的电力工业园；长江路以北、华山路以西、官湖河以南，规划为冶金建材工业园；华山路以西、铁路专用线以东、珠江路以北、长江路以南规划为轻工业园；奚仲路以北、长江路以南、建设中路以西、天山路以东规划为机电工业园；黄山路以东、六保河以西、徐海路以北、海河路以南，安排一类工业用地和有一定水污染的工业类型；部分三类工业用地安排在彭河以北的河南工业园。1994 版总规批准以后，成为城市工业建设的重要依据，几个片区的功能分区基本实现。但工业发展的总量与规划存在差距，工业发展的规模未达到规划的目标，城区工业发展速度较慢，各片区范围内存在不少农村居民点，发展缺乏弹性，同时工业的空间布局相对向北推移。

七是城市交通体系规划。1994 版总规中，对外交通规划方面，铁路规划主要包括新建复线大运河铁路大桥，扩大铁路货场装卸能力，增加电厂、钢厂、索家港、徐塘港码头铁路专用线；水运规划主要是改造扩建邳州港；公路规划包括近期修通徐海一级路和新运河大桥，修通邳宿公路达到二级标准，远期末在城北新建运河大桥，市区内过境交通向北外移。规划城市道路形成"八横九纵"主干道路网。"八横"：漓江路、珠江路、长江路、徐海路、海河路、解放路、青年路、邳新路；"九纵"：泰山路、华山路、恒山路、建设路、嵩山路、黄山路、京杭路、外环路、东兴路。近期改造大榆树街为商业步行街，远期建设新城商业中心区三条步行街。

2.1.4 邳州市城市总体规划（2003—2020）

2003 年，为贯彻中央"五个统筹"和江苏省实现"两个率先"目标的发展要求，实施江苏省城市化发展战略，适应全省区域空间结构调整，编制了《邳州市城市总体规划（2003—2020）》（以下简称 2003 版总规）。2003 版总规合理确定了城市性质、规模及发展目标、用地发展方向，城市空间布局逐步优化，公共服务设施不断完善，有效地指导了相当一段时期内的城市建设活动。规划重点内容及实施评估情况包括：

一是市域城镇体系规划。2003版总规提出城镇调整方案，规划至2020年，将24个乡镇调整为13个（图2-1）；但是截至2010年，城镇调整并未完全实施，城镇体系等级规模和城镇职能与规划均有较大的出入。规划确定的"一核、一轴、三片"的空间结构也只是初具雏形。从2010年现状城镇空间结构来看，城镇规模普遍偏小，2万人以上规模的城镇均沿陇海铁路、G310、S250、S251等主要区域交通轴线布局，经济发展水平较高的城镇普遍交通区位较好；城镇职能功能尚不完善，仅为镇域服务的行政中心型城镇多，产业型城镇少。

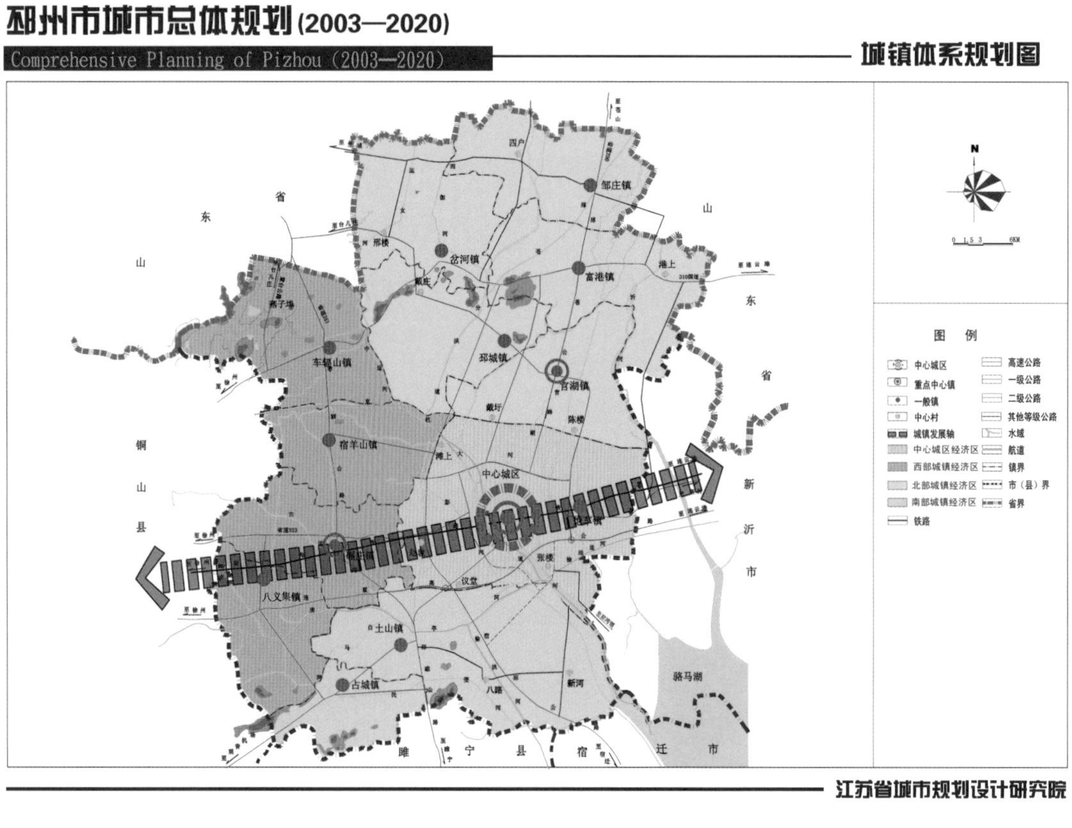

图 2-1 《邳州市城市总体规划（2003—2020）》城镇体系规划图

二是城市性质。2003版总规确定的城市性质为"东陇海产业带中心城市之一，徐州都市圈重要节点城市，苏鲁地区极具活力的工业、商贸城市，生态旅游和现代农业基地，现代化中等城市"。相较1994版总规，2003版总规在城市性质中增添了工业职能，有效指导了邳州工业化进程的推进，并且明确了其区域地位及与周边城市的协调关系。

三是城区空间布局及发展方向。2003版总规确定城市发展方向为"东进北延、疏解老城、优化结构"。从2010年发展现状情况来看，城市发展基本遵循"东进北延"的总体方向，北部和东部的产业新区均有一定的发展，东北部行政新区也有一定的基础，老城区改造稳步推进。2003 版总规中，城区规划空间布局结构为"形成单中心紧凑型城市布局形态，城市总体空间布局结构为 1 个城市中心和 5 个片区组成"（图 2-2）。从实施的情况来看，并未形成紧凑的单中心格局，而是向分散的多中心格局演变。一方面，老城占据城市功能的主导地位，作为城市的商贸中心、服务中心的职能还在不断加强；另一方面，新区的行政中心、文化中心的职能得到大力拓展。

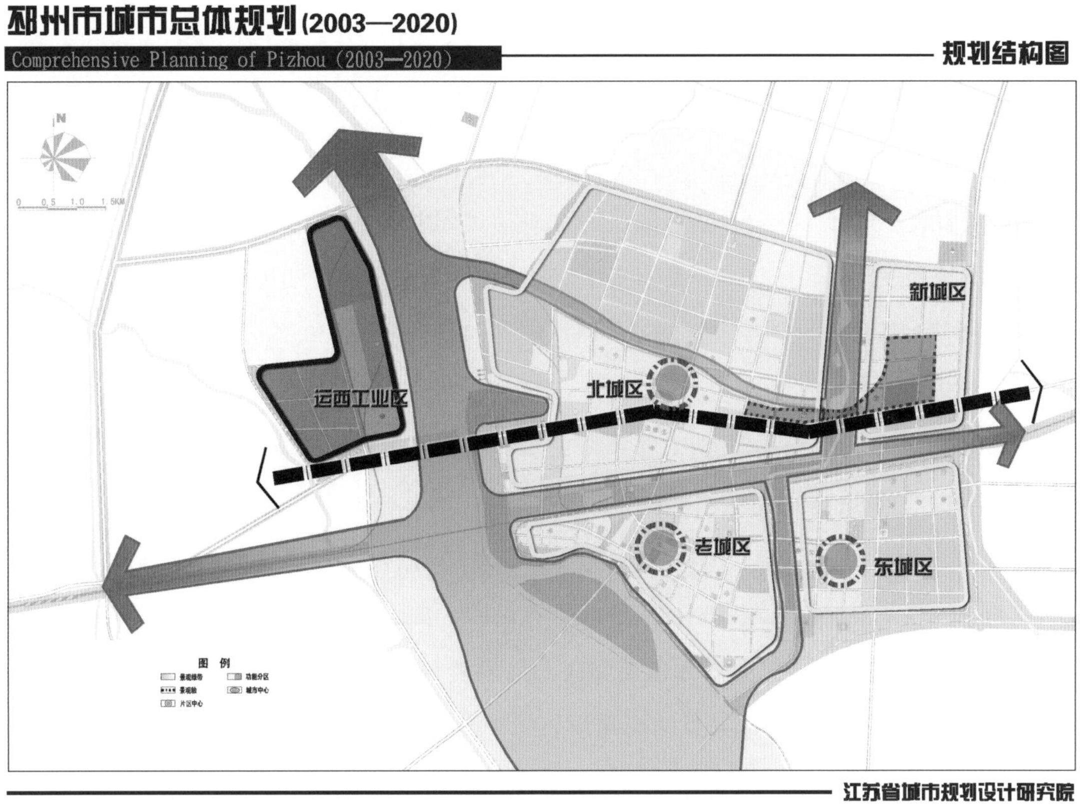

图 2-2　《邳州市城市总体规划（2003—2020）》规划结构图

四是城市居住用地布局。2003 版总规中，规划形成居住片区和居住区两级结构：以铁路与六保河为界，分为南部老城居住片区、东城居住片区、北城居住片区，新城居住片区；每个居住片区由几个居住区构成，市区共形成 11 个居住区。从 2010 年实施情况来看，2010 年的城市居住用地已经大大超出 2010 年规划目标。近几年，二类居住用地的增长仍然大量集中在老城区，新区居住用地增长较少，老城区人口没有得到应有的疏解。另外，城中村的改造滞后，造成居住用地整体质量较低。

五是公共设施用地布局。2003 版总规规划行政中心位于庐山北路以东、世纪大道以北。

沿世纪大道发展市级商业中心，形成街、坊结合的布局形式。规划新区文化中心一处；规划保留现状文化馆、图书馆、影剧院、博物馆等文化设施。规划新区体育中心一处，在东城区、北城区各规划一处片区级体育中心。城东、城北和新区各新建一所综合性医院。规划在新城区南部、沿六保河东部布局一处教育科研用地。从实施情况来看，2010 年邳州城市公共设施用地尚未达到 2003 版总规 2010 年公共设施用地的规划预期，实施率为 94.03%。除了沿世纪大道的市级商业中心没有实现以外，其他公共服务设施基本按照总规的要求进行建设。

六是城市工业用地布局。2003 版总规对 1994 版总规的工业用地布局进行调整，使工业布局向更加集约化的方向发展。规划建设城北工业园、运西工业园、城东工业园 3 个园区：城北工业园分为电厂区和民营工业区两个组团，工业门类以农副产品加工、食品加工、木材加工、纺织服装、建材、机电工业为主；运西工业园规划以电力、仓储、物流及配套工业为主；城东工业园规划发展以高新技术产业为主的加工业、组装工业。从 2010 年现状实施情况来看，城北工业园基本按照规划的要求实施，但路网框架向北延伸至 250 省道以北，大型项目相继布局于城市边缘地带，工业用地布局分散，未能实现规划预期的集约发展；城东工业园的范围远远突破规划的范围，向东延伸，在实际的管理中，并未严格控制工业门类，与规划的高新技术产业相去甚远；运西工业园则基本没有实现。

七是城市绿地布局。与 1994 版总规相比，2003 版总规上调了人均绿地面积，并明确提出绿地系统规划结构：规划以京杭大运河、六保河、古运河为纽带，结合铁路和重要的景观道路布置绿化用地，通过数条绿色走廊向四周渗透与延伸，形成以沿河风光带和道路景观轴为骨架的网络状绿化体系。从实施建设总量来看，绿地面积接近总规确定的 2010 年规划目标。从建设项目来看，在新区主要建设了沙沟湖农业示范园、百果园、九凤园等大型公共绿地。老城区增设了大象游园、和平游园等小型游园广场。六保河、建秋河滨水绿地也在逐步建设中。但从质量上看，公共绿地多为植物造景，绿地功能较为单一，缺乏必要的游憩设施。

八是城市交通规划。对外交通规划中，公路规划主要包括构建城市外环路，保证对外公路与城市外环路的联通、方便内外交通的转换；水运规划主要包括结合电厂三期和铁路支线建设的港口扩建；铁路规划主要是改造火车站与增加从赵墩火车站至港区的铁路专用线。从实施情况来看，邳州城区外环路尚未建成，323 省道与 250 省道在城区相交，过境交通全部穿越城区，与原规划中的过境交通绕行城区外环线并不相符。规划新增的北部出入口通道也尚未建成，火车站北广场尚未建成，铁路专用线尚未建设。城市内部交通规划中，在京杭大运河以东的主城区范围内形成"一环、六横、六纵"的主干路路网结构。其中，"一环"由西环路、北环路以及炮窑路构成；"六横"自北向南为：辽河西路—辽河东路、长江西路—长江东路、世纪大道、文苑东路、解放东路、青年西路—青年东路；"六纵"自西向东为：天山北路—天山南路、恒山北路—恒山南路、建设北路—建设南路、城山路—瑞兴路、艾山路—上海路、庐山北路—庐山南路。从实施情况看，主城区范围内的主干路呈"三纵三横"结构，未形成 2003 版总规的道路框架，并且跨铁路主干路数量与方式也未达到规划要求。

2.1.5　邳州市城市总体规划（2011—2030）

2012 年 6 月 21 日，江苏省人民政府批准《邳州市城市总体规划（2011—2030）》（以下简称现行总规）。从总体上看，《邳州市城市总体规划（2011—2030）》充分考虑了编制当时的社会经济发展状况，城市定位相对准确，城镇体系结构较为合理，中心城区布局有序。现行总规对邳州市的城市发展也起了重要的指导作用，城市在经济产业发展、市域城镇体系建设、城市空间发展、重大设施建设、生态环境与城市特色建设等各方面都取得了明显的成效。尽管也存在未实现阶段性目标的情况，但城市的整体发展是在沿着现行总规既定的框架和方向前进。

现行总规的成功经验主要体现在以下方面：

一是制定了科学合理的发展目标定位，成为指导城市有序发展的总纲领。现行总规确定城市性质为"东陇海产业带重要的水陆交通枢纽、新兴工贸城市，京杭大运河沿岸具有水乡特色和历史文化底蕴的生态宜居城市"，在今天来看，仍然具有较大的现实指导意义。此目标定位明确了邳州城市发展应该以提升交通地位、推动创新发展、壮大新兴产业、突出生态与文化特色、建设中心城市为重点，夯实工业强市主阵地优势，彰显兼具楚汉文化与生态水乡特色的城市魅力，为推动邳州高质量发展提供了正确的指导方向。

二是建立了多组团、开敞式的空间布局结构，充分体现"河、湾、湖、城"一体的水乡生态城市特色。现行总规确立"三带三轴、三核四区、生态组团"的总体空间结构形态（图 2-3），其中，"三带"指西侧的京杭大运河生态文化带、东侧的老沂河生态景观带、中部的六保河生态景观带，"生态组团"指组团化城市布局结构，组团之间以生态空间和廊道加以阻隔，总体突出了城市人工环境与自然生态环境的融合，有利于邳州作为京杭大运河沿岸具有水乡特色和历史文化底蕴的生态宜居城市的特色营造。

图 2-3 《邳州市城市总体规划（2011—2030）》中心城区空间结构规划图

  三是在市域空间结构上进一步明确了东陇海发展轴的带动作用，对强化市域要素集聚发展和对接区域具有重要意义。现行总规确立"一核、一轴、四片"的空间结构（图 2-4），其中，"一轴"即东陇海发展轴，发展轴上贯穿邳州市发展的 2 个重点片区和若干重点城镇，主要发展装备制造、轻工产业、现代服务业、物流业等城市现代产业，同时突出强调了东陇海发展轴西接徐州、东引连云港的区域协同作用。目前，邳州城镇的轴带集聚态势已经非常显著，城镇主要沿陇海铁路（G311、徐连高速）区域交通轴线布局。

  四是规划有效指导了城市生态建设和民生建设，对提升城市宜居宜业度起到了很好的推动效果。包括：森林蓄积量稳步增长，国土空间生态修复进展良好。水环境质量优良。能源利用效率、土地产出效率、再生水利用率均显著提升。永久基本农田保护较好，高标准农田建设成效显著。城区市政设施较完善，生活垃圾处理水平较高，人均年用水量较为合理。就业通勤较为便利，绿色交通出行比例大幅提升。城乡公共服务均等化情况较好。

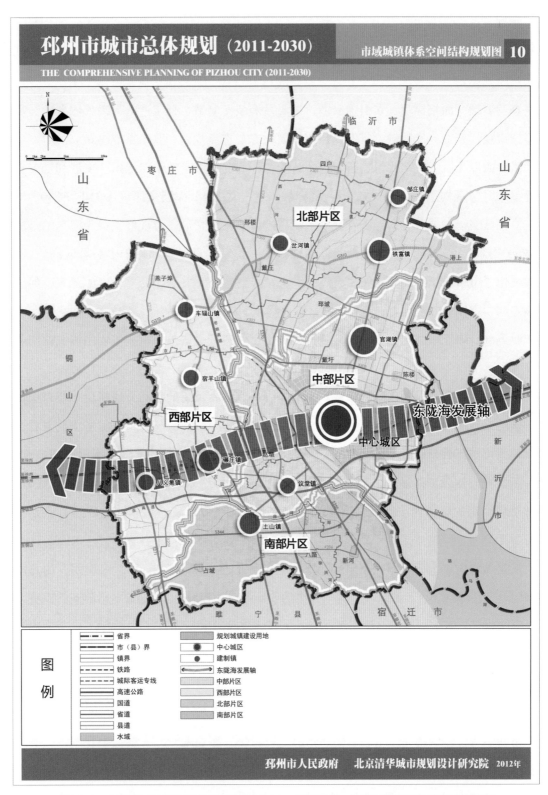

图 2-4　《邳州市城市总体规划（2011—2030）》市域城镇空间格局规划图

规划重点内容及实施评估情况包括：

一是市域城镇体系。规划形成"一核、一轴、四片"的空间结构。"一核"：中心城区，是邳州市的政治、经济、文化中心，以发展先进制造业、现代服务业为主要目标。"一轴"：东陇海发展轴，西接徐州、东引连云港，主要发展装备制造、轻工产业、现代服务业、物流业等城市现代产业，发展轴上贯穿邳州市发展的2个重点片区和若干重点城镇。"四片"：中部片区、西部片区、北部片区、南部片区。从实施情况来看，城镇"抱团"发展和轴带集聚态势显著，与规划基本一致。城镇主要沿陇海铁路（G311、徐连高速）、G310、S250、S251等主要区域交通轴线布局，经济发展水平较高的城镇普遍交通区位较好，最为突出的是陇海铁路（G311、徐连高速）、S250两条发展轴。发展较好的重点镇都位于中心城区周边区域，更加强化了市域城镇空间的集聚发展态势。乡镇产业集群化发展，需整合资源要素，促进小城镇走向"抱团"发展态势，包括：铁富镇—港上镇银杏产业集群、邳城镇—铁富镇艾山旅游产业集群、碾庄镇—土山镇—议堂镇机械加工产业集群、宿羊山镇—车辐山镇大蒜产业集群等。

二是城市性质。规划确定城市性质为"东陇海产业带重要的水陆交通枢纽、新兴工贸城市，京杭大运河沿岸具有水乡特色和历史文化底蕴的生态宜居城市"。从实施情况来看，规划对邳州市城市性质和职能的定位是准确的，东陇海产业带重要的水陆交通枢纽初步形成，新兴工贸城市建设成果显著，具有水乡特色和历史文化底蕴的生态宜居城市建设成效显著。现行总规确定的城市性质也具有适度的超前性，对邳州市未来的总体发展依然有重要引导作用。

三是城市发展方向和空间布局。规划确定"三带三轴、三核四区、生态组团"的总体空间结构形态，体现"河、湾、湖、城"一体的水乡生态城市特色。"三带"指西侧的京杭大运河生态文化带、东侧的老沂河生态景观带、中部的六保河生态景观带。"三轴"包括沿建设路的空间发展主轴、沿行政中心和徐连客运专线客运站的空间发展次轴，以及沿邳新路的空间发展次轴。"三核"指一主两副三个城市中心。"四区"指以绿色生态网络划分的四大功能片区，包含老城综合片区、开发区片区、新城综合片区、高新区片区。"生态组团"指组团化城市布局结构，组团之间以生态空间和廊道加以阻隔。从实施情况来看，中心城区的空间格局基本遵循现行总规的要求逐步完善，近期重点发展区域也与总规近期目标基本一致。目前老城区仍是城市的主导功能区，从近年来建设项目看，老城中心区有向北延伸的趋势，使得城市主导功能仍然向老城集聚。新区的行政中心职能得到一定拓展。围绕行政中心新增部分城市生活用地。邳州经济开发区产业用地主要向北拓展，邳州经济开发区南部工业用地已逐步置换作为城市生活用地；高新区产业用地主要向东扩展。城市南北向空间发展主轴、次轴已见雏形，东西向空间发展轴线还未形成；六保河景观带已逐步形成，两个生态核心建设完成；城市生态廊道尚未形成；老城区世纪大道片区次中心已基本形成。片区功能结构基本遵循现行总规的要求逐步完善，老城区发展与总规目标基本一致，新城区市级副中心按照规划已基本完成，围绕行政中心新增大量居住用地对老城区人口的疏解起到了一定作用，而城市生活性配套设施相对滞后。邳州经济开发区、邳州高新技术产业开发区产业用地增长迅速，但相应的配套设施未建设。

四是公共服务设施。现行总规对公共服务设施的配置在空间分布上力求均衡，争取所有地段所能享受到的公共设施的服务水平相差不大。按照服务人群的不同，公共服务设施可以分为基础型公共设施（文化、体育、教育和医疗）、福利型公共设施（福利、养老）和产业型社会设施（商业、金融），前两类更多由政府提供，而第三类主要由市场提供、政府引导。规划结合交通枢纽和城市空间结构完善城市中心体系，各级中心因地制宜采用集中块状布局与滨河（水系）沿街线状布局相结合的布局形态，加强特色生态水城的建设。规划要求，部分公共服务设施，如大型会议会展、大型体育设施等，应兼顾周边县市甚至整个苏北的需要。从规划实施情况来看，规划的市级商业中心及片区级中心基本没有形成，公共服务设施现状布局相对集中于老城区，片区级配套不足，造成部分居民生活不便；规划文化用地建设比例偏低；体育设施 2016 年已达到总规 2030 年规划要求，但是其分布不均衡；教育设施在市域与中心城区的建设稳步推进，中心城区学校的现状布局与规模与现行总规近期建设目标基本符合。

五是综合交通设施。对外交通方面，规划连云港至徐州城际客运专线、碾庄站至邳州新港的铁路货运专用线；规划形成"四横五纵"的邳州市域公路主骨架（"四横"：徐连高速、G310、S323、S344；"五纵"：台睢高速、S270、S250、S251、S271）。完成新邳州港作业区、邳州经济开发区作业区、东方港作业区、沂州港作业区、西伽河作业区及水上服务区建设。城市内部交通方面，规划城市主干路形成"七横、六纵、一环"贯穿城市的道路骨架。从实施情况来看，规划徐连客运专线邳州东站、邳州作业区铁路专用线基本建成，但铁路客货运量增长缓慢，铁路专用线建设未达到规划预期。公路骨架基本形成，以连霍高速、G310、

G311、S250、S251、S270、S271、S344等高速公路和普通国省干线公路为骨架。规划2015年前完成邳州新港及其配套服务设施的建设，以及徐洪河、房亭河、西伽河航道提级工程，现仍有一定差距。城市基本形成了"七横、六纵、一环"道路骨架性结构，但道路网中次干路和支路缺失严重，道路级配不合理，未达到规划预期。

六是城市绿地系统。规划形成"一心、一环、七廊、多核"的绿地系统结构，绿心映城，"一心"指由沙沟湖公园扩建形成的城市绿心。绿带环城，"一环"指由京杭大运河滨河绿地、老沂河滨河绿地及省道防护绿带、徐连高速防护绿带所围合形成的环城绿带，与中心城区外围的古栗园等园地、林地共同形成绿色屏障。绿廊穿城，"七廊"指沿六保河、官湖河、建秋河、古运河的滨河绿带及沿陇海铁路、建设路、陇海大道两侧的防护绿带，交织形成七条绿色生态廊道。绿网织城，由滨水带状公园、道路带状公园相互交织形成绿色线形开敞空间网络体系。绿核缀城，"多核"指不同类型、规模体系的公园绿地呈斑点状分布，为市民提供户外活动的绿色开敞空间。从实施情况来看，邳州市于2006年10月被评为"江苏省园林城市"，并将创建"国家生态园林城市"作为建设目标，随着近10年以来沙沟湖公园、桃花岛公园等的落成，城市各项绿地指标明显提升，但总体与国家生态园林城市的建设目标、国家规划建设用地标准要求等仍有差距。

2.2 评估：新阶段邳州发展的形势与条件

2.2.1 优势与特征

交通区位：北接齐鲁、南连江淮，东陇海通道横穿东西、京杭大运河纵贯南北。邳州位于江苏省最北部，是东陇海沿线和大运河沿岸的重要节点城市。近些年来，邳州的区域性交通设施明显改善，徐连客运专线建成通车，邳州迎来"高铁时代"。徐宿连航道已经开工建设，建成后邳州可实现1000吨级船舶直达连云港出海口。同时，邳州东站综合客运枢纽、邳州新港等重点工程稳步建设，区域水陆交通枢纽地位初步形成。

生态价值：沂蒙山区洪水走廊、沂沭河冲积平原，水林田园交融特色突出。邳州位于淮河流域下游，境内中运河、徐洪河等为淮河流域重要的行洪河道，有"邳苍洼地、洪水走廊"之称；邳州也是南水北调东线中下游重要节点，对保障区域防洪安全和水质安全具有重要作用。同时，邳州地处沂沭河冲积平原，为我国重要的粮食生产区，在国家粮食安全中也承担重要责任。总体上，邳州水网密集，沟、河、湖、库纵横交错，水域、林地、耕地、园地面积分别占土地总面积的 11.14%、6.39%、48.12% 和 9.45%，苏北水乡田园特色突出。

文化特色：六千年文明史、兵家必争之地，历史人文资源丰富。邳州历史悠久，境内有距今约 6000 年的大墩子遗址，以及刘林、梁王城等新石器时代古文化遗址。邳州在历史上是兵家必争之地，楚汉相争、三国角逐、宋金交兵、淮海战役都在邳州发生过，拥有北辛文化、大汶口文化、东夷文化、楚汉文化、军事文化、大运河文化、明清文化、近现代红色文化等丰富多元的文化类型。同时，邳州历史文化遗产丰富，有各级文物保护单位 64 处；非物质文化遗产也是数量众、门类多，邳州被称为中国现代民间绘画之乡、民间剪纸之乡和民间文化艺术之乡。

经济实力：全国百强、工业强县、农业大县，千亿级经济实力雄厚。一是邳州市 2020 年地区生产总值突破 1000 亿元，跃居全国工业百强县第 30 位、全国综合实力百强县第 36 位，国内生产总值在徐州市和江苏省的占比不断提升。二是高新技术产业发展势头良好，新材料、节能环保等新兴行业细分领域的龙头企业与单项冠军崛起，高新技术产业产值占工业总产值比重升至 35.3%。三是邳州粮食生产实现"十七连丰"，形成大蒜、银杏、木业、花卉等农业优势特色产业集群，获批国家农村产业融合发展示范园、国家现代农业产业示范园，还被定为国际银杏峰会和国际大蒜产业峰会永久会址。

城乡发展：人口大县、园林城市、美丽乡村，城乡魅力逐步彰显。邳州 2020 年年末的全市户籍人口为 192.02 万人，在江苏 41 个县（市）中居第二位。随着城镇化进程推进，城市发展进入品质提升期，形成了新老城区"双核联动"的格局。2017 年以来，邳州获评国家园林城市、省级生态园林城市，桃花岛公园被誉为"苏北县级第一名园"，邳苍路是我国最长的"水杉大道"，铁富"银杏时光隧道"经中央电视台等多家媒体报道，成为备受游客喜爱的"网红打卡地"。同时，邳州是国家新型城镇化标准化试点，乡村公共空间治理"邳州探索"被写入全国、江苏省政策文件①，获批全国乡村治理体系建设试点县。②

① 具体参见：《中共江苏省委 江苏省人民政府关于抓好"三农"领域重点工作 确保如期实现高水平全面小康的意见》，http://www.jszzb.gov.cn/col10/72817.html。
② 具体参见：《中央农村工作领导小组办公室 农业农村部 中央组织部 中央宣传部 民政部 司法部关于乡村治理体系建设试点示范工作的批复》（中农发〔2019〕21 号），http://www.moa.gov.cn/govpublic/NCJJTZ/201912/t20191218_6333541.htm。

2.2.2 核心问题识别

交通区位：缺乏南北向的对外快速通道，区域交通优势亟待加强。邳州位于东西向的东陇海大通道上，南北向主要为普通省道，缺乏高等级对外通道，尤其是高速公路或高速铁路。与紧邻的新沂市相比，邳州的高铁区位优势还有待提升，南北向上与周边城市的交通联系相对薄弱。

经济产业：新旧动能转换压力大，城市能级和竞争力提升亟待破题。一是邳州民营经济占据半壁江山，私营个体经济增加值占国内生产总值的 60% 以上，但民营企业普遍体量较小、实力不强，存在技术装备、人才、管理能力等多方面的"先天"不足，企业自主创新能力较弱，科技产出与周边县（市）仍存在较大差距，万人发明专利拥有量（19 件）远低于江苏省平均水平（36.1 件）。二是服务业整体规模偏小、能级偏低，除物流外其他生产性服务业相对较弱，特别是金融、信息服务、商务服务、科研与技术服务等生产性服务业规模小，城市的区域性服务能力亟待提升。

城乡发展：新型城镇化任务艰巨，人口优势未能充分转换为人力资源优势。一是邳州2020 年常住人口较户籍人口少 45.76 万人，2010—2020 年，全市常住人口仅增加 0.45 万人，说明人户分离现象及户籍人口外流态势显著，加之老龄化严重（60 岁及以上人口占常住人口总规模的比重达 20.5%），邳州正由人口红利期转入人口负担期。二是邳州人口受教育程度相对较低，加之缺乏高等院校，在城市人才抢夺轮番"开战"的态势下，邳州人口红利未充分转化为人才优势，人才短板的制约日益突出。三是邳州城镇化率（58.17%）[①] 远低于徐州市、江苏省平均水平，城镇化水平也有待提升。

国土资源：开发与保护矛盾突出，自然资源开发利用水平有待提升。一方面，邳州虽然过境水量大，但可利用水资源偏低，多年平均人均水资源量为 869.24 立方米，不足 2020 年全国人均水资源量（2238.68 立方米）的 1/2，按国际标准（低于 1000 立方米）衡量，属于中度缺水地区。另一方面，邳州水资源开发利用率过高，2020 年水资源开发利用率（90.75%）远高于国际公认的水资源开发生态警戒线（40%）。另外，城镇发展与建设诉求仍然强劲，但现状建设用地占国土总面积的比例相对较高（22.24%），后备可开发土地资源相对有限。

---

① 数据来源：《邳州市 2020 年国民经济和社会发展统计公报》。

城市建设：公共设施覆盖率亟待提升，服务供给不足与人民需求提升之间的矛盾突出。公共服务设施空间布局不均衡，中小型公园绿地广场体系不够完善，城区教育、体育、社会福利设施的覆盖率普遍较低，社区小学步行10分钟覆盖率仅为31.56%，社区中学步行15分钟覆盖率为56.47%，社区体育设施步行15分钟覆盖率约67.62%，社区养老设施步行5分钟覆盖率仅为13.75%。另外，城市亲水空间缺失，大运河特色资源挖掘利用不足。

2.2.3　发展机遇展望

江苏省构筑省域国土空间开发保护新格局，为邳州的开放发展创造了良好条件。江苏以服务全国、构建新发展格局为目标，坚持"生态优先、带圈集聚、腹地开敞"的空间开发保护思路，提出构建"两心、三圈、四带"的国土空间总体格局。其中，江苏省整合打造沿大运河文化魅力带，加强大运河沿线世界文化遗产、历史文化名城名镇名村、文物和文化资源保护，推进流域水生态修复、岸线整治，因地制宜规划建设滨水绿地、绿道等，着力打造"江苏美丽中轴"，此外，江苏省努力建设陆桥东部联动带，着力提升出海通道功能，提升国际货运班列综合运输能力，进一步推动连云港海港、徐州陆港和淮安空港协同建设，加强沿线城市联系，引导城镇点轴集聚。邳州正好处于陆桥东部联动带和沿大运河文化魅力带的十字交会处，未来通过融入省域发展新格局，将能够形成更为开放的发展格局。

徐州作为淮海经济区中心城市的辐射和带动能力不断提升，为邳州城市功能的提升创造了良好条件。徐州市处在承东启西、沟通南北的关键区位，国家"一带一路"倡议的推进，以及区域协调发展战略、长三角一体化发展战略的深入实施，都为徐州加快建设淮海经济区中心城市、提升城市规模与能级带来重大机遇。徐州也在加快建设淮海经济区经济中心、创新创业中心、科教文化中心、全国重要的综合交通枢纽和双向开放高地，增强对周边地区发展的辐射带动能力，推动淮海经济区协同发展。邳州作为徐州五县（市）中面积最大、人口最多、经济实力最强的城市，也是距离徐州最近、与徐州接壤面最长的城市，具有接受徐州辐射带动的最佳条件。未来，通过积极承接徐州的职能外溢，邳州的城市功能和发展能级将得到进一步提升。

2.2.4　安全风险评估

邳州市现状人均水资源较少，资源总量时空分布不均，且快速的经济发展占用大量水资源，导致区域生态环境用水仅占用水总量的 0.56%，已难以满足生态需水要求。随着未来邳州国内生产总值与总人口的不断增长，对水资源的需求将持续加大，若不采取可持续发展的有力措施，仍然按现有的用水结构、用水效率水平发展下去，未来 20—30 年，邳州的水资源和水生态安全将面临一定风险。

2.3　思考：国土空间改革背景下的规划创新探索

市县国土空间总体规划是对本行政区域国土空间开发保护作出的具体安排，是国土空间用途管制的依据。本轮国土空间总体规划编制更是关系到未来 15 年的邳州经济社会发展大计，关系到 195 万人民群众的民生福祉。邳州市以有效提升国土空间治理能力现代化水平为目标，统筹全域要素配置，科学布局生产空间、生活空间、生态空间，推进国土空间开发保护更高质量、更有效率、更加公平、更可持续，谋划新时代邳州国土空间新格局，为全力打造淮海经济区产业强市、奋力谱写邳州现代化建设新篇章提供空间保障与支撑。

2.3.1　邳州的典型性与代表性：兼具先发地区的示范性和一般地区的普遍性

县级国土空间总体规划是县域的发展蓝图和战略部署，是县域实施高效能空间治理的规划保障。邳州国土空间治理在我国县级城市中具有其典型性和代表性，一方面，邳州具有先发地区的示范性，从县域经济、县域治理到规划编审，都在"争当表率、争做示范、走在前列"[①]；另一方面，邳州具有一般地区的普遍性，其苏北强县高消耗、高增长的发展模式，造成国土空间保护与开发的矛盾冲突大。

（1）从县域经济、县域治理到规划编审，都在"争当表率、争做示范、走在前列"

从农业大县到工业强县，邳州的经济实力不断攀升，2020 年，地区生产总值突破 1000 亿，位居全国综合实力百强县第 36 位、全国工业百强县第 30 位。拥有 3 个全国综合实力千强镇（官湖镇 121 位，碾庄镇 204 位，铁富镇 262 位）。同时，邳州也是江苏第二人口大县（市）、全国第五人口大县（市）。

---

① 具体参见：https://www.js-skl.org.cn/pub/qm/p/file/240110/175747_752.pdf。

江苏县域经济发达，县级治理水平较高。邳州开展乡村公共空间治理、土地规模经营的做法引起轰动效应，邳州县域治理的探索实践被《人民日报》、人民网、《新华日报》、中央电视台等主流媒体聚焦报道，《人民代表报》头版头条用近万字篇幅聚焦《县域治理的"邳州实践"！》[①]，国务院发展研究中心前来考察等。

规划编审工作走在全国前列。江苏国土空间规划的编制与审批工作走在全国前列。2018年，经江苏省人民政府同意，邳州市进行城市总体规划修编，是全省首个获批修编的县级城市总体规划，对"多规融合"展开探索。2019年，国土空间规划改革开启，邳州在总规修编的基础上，率先开展了国土空间总体规划编制工作，并且是市、县、镇国土空间总体规划多层次同步编制。2023年11月，江苏省人民政府正式批复《邳州市国土空间总体规划（2021—2035年）》，是全省也是全国较早获批的市县级国土空间总体规划之一。

（2）苏北强县高消耗、高增长的发展模式，造成国土空间保护与开发的矛盾冲突大

"农业、生态、城镇"空间保护与发展之间的矛盾。一是存在耕地保护与发展建设的矛盾，耕地和永久基本农田被建设占用，补划缺口大，内部平衡难度高等。二是存在生态保护与发展建设的矛盾，生态保护红线内城乡建设用地多、搬迁退出难度大等。三是存在生态保护与耕地保护的矛盾，生态保护红线内耕地多，生态保护红线与永久基本农田冲突等。

"水、林、田"等自然资源保护与开发利用的矛盾。一是自然资源保护与发展建设的矛盾，城镇建设征/占用林地/耕地普遍，人为侵占/阻断水系现象严重等。二是水、林、田等自然资源之间的冲突，林地保护与耕地保护矛盾突出，林地保有量目标难以落实等。三是矿产资源开发保护与生态环境保护之间的矛盾，矿产资源的保护与开发对地上生态环境的影响等。

建设空间资源有限和多元化需求增长之间的矛盾。一是城镇内部生产、生活、生态空间的矛盾，城镇开发边界内新增空间有限，居住用地需求不减，民生设施必须保障，百强县产业空间需求大，蓝绿空间不能少等。二是城市、乡镇与村庄之间的空间资源分配的矛盾，建设增量有限，城市要发展要建设、乡镇与村庄要保民生、强动力镇也有发展诉求等。

文化等特色资源保护与开发利用的矛盾。大运河遗产保护管控、生态修复、城乡建设、文旅开发之间的矛盾，大运河保护管控对城市发展建设影响大，大运河资源的开发建设也需要考虑文化与生态的保护与管控要求等。

① 报道详见：https://m.thepaper.cn/baijiahao_4211952。

（3）立足"走在前列"的责任与使命，面对"保护与发展之争"的特征与问题，发挥苏北水乡城市特色，开展现代空间治理探索

邳州市国土空间总体规划立足"走在前列"的责任与使命，面对"保护与发展之争"的特征与问题，从三方面进行了深入探索。一是从邳州推动落实"多规合一"改革、优化国土空间格局的探索与实践中，寻求县域国土空间矛盾冲突的解决路径。二是在空间资源紧约束和城市高质量发展的背景下，探索有限空间供给和多元功能需求之间协调与平衡的解决路径。三是从邳州国土空间规划编制管理融合的实践中，总结通过县级层面的协同治理来化解空间矛盾的方法。

2.3.2 "多规合一"背景下典型县域国土空间冲突的解决路径

（1）立足底线思维，统筹布局"农业—生态—城镇"三类空间，解决空间功能多宜性地区保护与开发的空间冲突

邳州永久基本农田补划缺口大，内部平衡难度极高，生态保护红线、自然保护地的内部冲突矛盾也比较多，这三条基本控制线所反映的保护与发展的矛盾冲突该如何解决？

一是优化布局、提升质量，优先落实农业大县保障粮食安全的责任。实事求是，将永久基本农田保护任务由 161.67 万亩[①]调整到 126.39 万亩，实现质量有提升、布局更稳定。合理利用 30 万亩银杏林（园地）这一潜力资源，作为占补平衡、补充耕地的后备资源库。

二是应划尽划、应保尽保，科学评估、统筹优化调整生态保护空间。将生态保护红线划定面积由 90.63 平方千米调整到 35.54 平方千米，让生态保护更加精准，也给农业生产预留空间，降低对发展建设的限制。统筹生态保护红线、自然保护地、生态空间管控区域三者的优化调整，分级分类推进生态保护区的差异化管控，确保自然生态空间面积不减少、性质不改变、功能不降低。

三是争取增量、挖掘存量，尽力保障产业强市城镇发展建设需求。在严控增量的总体要求下，考虑产业发展动力强，争取城镇开发边界扩展倍数到 1.32，并优先保障重点园区、重点功能片区、重点项目等需求。积极挖掘存量空间，聚焦可改造的棚户区、城中村、现状零散工业用地、城市重点开发地区可整合的现状零散用地等存量用地，进行拆除重建、功能置换、设施补缺等。

---

① 1 亩 ≈ 0.0667 公顷。

（2）立足安全思维，优化配置"水—林—田"三类自然资源要素，筑牢生态文明时代平原水网地区安全发展的空间基础

邳州过去占用林地普遍，林地与耕地保护矛盾突出，河湖资源过度开发，水域侵占现象普遍，矿产资源开发造成生态环境破坏等，这些自然资源开发与生态环境保护、城乡发展建设的矛盾该如何解决？

一是重点解决"林田"之争，科学推进造林绿化，筑牢森林安全防线。在耕地空间稳定后，解决"林田"之争。以三调为基础，盘点林地家底，为解决集体林地类重叠等问题、编制新一轮林地保护利用规划，为规范林地管理奠定基础。充分利用宜林荒山荒地荒滩、废弃地、边角地、盐碱地、沿边隙地以及城镇未利用地等开展造林绿化。

二是统筹防洪、排涝及水环境系统治理，保障"邳苍洼地、洪水走廊"的水安全。邳州背负沂蒙山洪、襟临骆马湖洪水夹击，境内中运河等为淮河流域重要的行洪河道，历来洪涝灾害频发。规划划定洪涝风险控制线，重点加强蓄滞洪区建设与管理引导。中运河水位长期接近或高于城区大部分地面，渗水量大，中心城区整体处于低洼区域，自排差，易内涝。规划打通水网局部断点、结合需求规划新建排水泵站，多举措改善排涝及水动力条件，提升平原水网城市内涝防治能力。

三是统筹矿产资源相关空间的管控落实、拓展利用和综合治理，筑牢地质灾害安全防线。对接专项规划，划定开采规划区块，加强地下矿产资源保护与管控，引导地表国土空间布局与复合管理。关注露天矿山和石膏矿采空塌陷区综合治理，筑牢地质灾害安全防线。

2.3.3　空间资源紧约束下城市高质量发展空间的多元需求平衡

（1）综合平衡"生产、生活、生态"三生空间，保障产业强市的高质量发展空间

邳州工业用地增长快，产业园区空间不足，同时城市各类公共服务设施覆盖率过低，社区级设施不足，绿地总量不足、空间分布不均等。在空间资源紧约束和高质量发展的背景下，产业空间要保、设施短板要补、蓝绿空间要加，面临有限的空间资源该如何分配的问题。

一是统筹平衡全市城镇建设用地结构，形成与产业动力、人口分布相契合的土地供给。在市域和中心城区两个层面，统筹生产、生活、生态三大空间，优先坚持以人为本、保障公共服务设施和公共空间，其次回归产业强市、保障产业用地空间，平衡工业、居住、绿地等城镇建设用地结构。

二是立足"工业立市、产业强市"战略，重点保障工业用地需求，分类优化产城关系。在新增空间有限的情况下，基于供需平衡原则对全市12个产业园区规模进行科学预测，综合统筹各园区的"产业：城镇"用地配比关系，通过增量保底、存量挖潜、精准投放，为全市工业用地需求提供了充足保障。以重点保障重大产业项目用地需求、加快低效工业用地更新改造为导向，为中心城区三大产业园区预留一定的新增产业空间，对老城区内和辽河路周边的现状污染低效工业企业进行调整腾退。化工园区坚持产城适度分离，留足防护空间，划定邳州经济开发区化工产业园区周边土地规划安全控制线。经开区、高新区重点强化产城融合，见缝插针增补产业服务中心、科创载体，提升城区与园区之间的通勤时效。

三是以创建国家生态园林城市为目标，增加城市公园绿地规模、优化公园绿地布局。延续邳州国家园林城市建设理念，支撑邳州进一步创建国家生态园林城市，规划中心城区人均公园绿地面积达到14.8平方米，绿地与开敞空间用地面积占比由现状的6.4%提高到规划的12.9%。在增加公园绿地规模的同时，也更加注重绿地布局均好性，重点补足片区级和社区级公园，提升公园绿地覆盖率，实现"300米见绿、500米见园"。

四是以完善社区生活圈配套设施为重点，保障公共服务设施用地，提高各类设施的覆盖率。构建内容丰富、面向未来的服务要素体系，规划公共管理与公共服务用地在总量、占比、人均指标三方面较现状均有明显提升。

（2）统筹考虑"文化、生态、城乡"多元需求，彰显大运河的独特价值和鲜明特色

大运河这一空间资源，承载了多个功能需求，包括文化、生态、运输、水利、旅游等，面临统筹协调文化空间的保护、传承与利用，保障国家文化公园建设空间，统筹协调生态环境空间的保护、修复与治理等需求。

一是统筹保护管控与开发建设，优化大运河沿岸城市用地布局和项目建设。城市依大运河而建，大运河保护管控对城市发展建设影响大，因此，规划首先重点对大运河保护管控空间与城乡建设空间进行统筹协调。一方面，重点优化大运河相关保护管控范围的划定，包括生态保护红线、自然保护地、生态管控区、大运河核心监控区划定等。另一方面，根据管控要求对城市用地布局进行优化调整。建成区内取消负面清单中禁建项目用地，落实高度管控和强度管控要求等。

二是加强水系治理和生态修复，打造"水清＋岸绿"的大运河生态走廊。将大运河防洪标准提升到百年一遇，实施大运河泵站改造提升工程，提升排涝能力，保障水安全。加强南

水北调清水通道维护，保护中运河饮用水源地，保障水资源。提高城镇污水垃圾处理能力，加强船舶港口污染防治，保障水环境。连通水系、修复湿地，加强大运河沿岸生态空间建设，保障水生态。

三是统筹大运河港航与产城发展，提升大运河航运物流价值和邳州水陆联运枢纽优势。一方面，畅通"公铁河海"联运通道，提升枢纽优势。重点推进陶沟河复航工程建设，加强航道升级；加快邳州新港建设进度，规划新增4处作业区；完善铁路专线、疏港公路等配套设施建设，完善多式集疏运体系。另一方面，优化"港、产、城"发展空间，促进一体化发展。重点建设临港产业园，加快现代物流、加工制造等临港产业集聚；以赵墩镇区为重点，完善就业与生活配套设施，促进产城融合；增加临港片区和主城间的跨河通道，优化通勤交通。

四是统筹保护传承与文旅融合，保障大运河国家文化公园建设的空间需求。邳州是大运河国家文化公园（江苏段）刘林—梁王城遗址至骆马湖风景区集中展示带，需要保障国家文化公园建设的空间需求。一方面，挖掘大运河特色要素，引导特色空间沿大运河布局，打造融合远古与未来的大运河国家文化公园文化遗产集中展示带。另一方面，合理开展中心城区大运河沿岸存量空间改造，打造老港口遗址公园、河心洲郊野公园等重要沿大运河节点，建设滨河"外滩"。

五是挖掘文化与生态双特色，加强水、岸、城三位一体，塑造大运河城市的独特魅力。挖掘传承大运河文化，保护修复大运河生态，还河于民、还岸于民、还景于民，打造邳州滨河"外滩"。以一条"最忆是邳州"城市文化休闲记忆链，串联大运河、五大湖区和大榆树街、陇海铁路遗址公园等大运河城市记忆资源点，形成以绿道串联而成的复合文化休闲空间。提升大运河与城市水网的连通度和雨洪调控能力，活化多彩水岸，营造拥河亲水、复合多元的滨水空间，提升水城体验。以大运河国家文化公园、六大郊野公园和沙沟湖公园、隆丰湖、桃花岛公园等公园共同构筑水绿交织融城的绿地空间布局。

2.3.4 通过协同治理解决县域国土空间冲突的探索与实践

（1）基于常态化沟通磋商机制的全流程协同治理

一是以上下联动、刚弹结合为特征的纵向传导反馈。以市、县、镇三级国土空间总体规划同步编制为契机，形成贯穿规划全过程、自上而下传导和自下而上反馈相结合的良性机制。对于战略目标、关键指标、规划布局等不同内容，采取差异化的刚弹结合的上下衔接模式，充分发挥了县级规划决策的自主权。兼顾"战略与结构引领"及"定量与定界管控"，构成向乡镇传导的八项规划内容，将涉及跨镇协同、控线控量等的主要空间冲突在县级层面解决，以便镇级规划对接落实并细化深化，实现上下衔接顺畅。

二是以解决冲突、沟通协商为核心的横向寻求共识。通过方案编制阶段的多部门协商、方案审查阶段的多单位沟通，就国土空间冲突与矛盾达成多方认可的空间行动共识。加强对各专项系统的统筹和协调，解决空间供给与设施需求之间的矛盾，尽可能保障专项规划所需空间的落实。对于已经批复的涉及空间开发利用的专项规划，合理纳入，或进行局部调整。如教育设施专项规划，符合总体规划目标定位和发展战略的，空间上没有冲突的，合理纳入；空间上有冲突的，征求部门意见，进行局部调整。对于与总体规划同步编制的专项规划，做好衔接落实，解决空间供需矛盾。如商业网点专项规划，应发挥总体规划对专项规划的指导约束作用，加强沟通，尽可能保障专项设施所需空间的落实。需要单独编制相关专项规划来解决矛盾问题的，提出专项规划编制清单。总体规划对其提出约束性要求和纲领性技术指引，专项规划不得违背总体规划约束性指标和强制性内容。

（2）制度化保障多种力量参与的多主体协同治理

一是针对重点空间的冲突与矛盾，发挥政府在多主体协同中的主导作用。城市依大运河而建，大运河保护管控对城市发展建设影响大，因此，由邳州市人民政府牵头、邳州市自然资源和规划局具体负责，总规项目组具体配合，重点针对大运河保护管控与城乡建设空间的矛盾进行多轮上下协调。一方面，多次与徐州市、江苏省自然资源、水务等主管部门沟通协调、重点优化大运河核心监控区划定，对《大运河徐州段核心监控区国土空间管控细则（试行）》反馈修改意见，尽可能缩小相关管控对城市发展建设的影响范围。另一方面，根据管控要求，协调对城市用地布局的优化调整。包括：建成区内取消负面清单中禁建项目用地，落实高度管控和强度管控要求等。对于大运河沿线的开发建设，由邳州市人民政府牵头、委托邳州恒润城投公司具体负责。重点针对城投公司的开发意向与大运河保护管控可能的矛盾冲突进行多轮多主体之间的沟通协调，包括政府、城投公司、总规项目组、专家等。全面讲解大运河的保护与管控要求及细则，同时多方讨论研究大运河保护管控要求下，合适的开发建设地区及方案等。

二是构建全过程、全人群、多视角的公众参与制度，以提高空间分配的合理性。发放覆盖城镇居民、村庄居民、重点企业、游客等多主体，涵盖居住意愿、城乡特色、规划建议等多内容的调研问卷，民意调研覆盖面广、关注全面、形式多样、贯穿规划编制各阶段，更加注重对人的流动与意愿、城乡特色挖掘、城市空间品质的意见征求。例如：公众建议打通桃花岛公园规划"最后一公里"——清远街；规划中予以采纳，将桃花岛西侧的清远街贯通，打通了该区域的道路，提高了该区域的可达性。

下篇
实践探索

第 3 章 专题研究：底线思维与理念落实

3.1 底线思维下的多维评估与"三线"协调管控

3.1.1 面向国土空间规划的"多规"实施评估

对于一般县级城市而言，多规实施评估主要是城市总体规划、土地利用总体规划"两规"协调评估。规划响应国土空间规划变革新要求，梳理"两规"空间规划目标和规划方案，聚焦"两规"的冲突与差异，构建了"两规"实施评估的框架与重点，为国土空间规划编制提供依据和支撑。

（1）以规划实施绩效和规划适应性为重点的城市总体规划实施评估

对《邳州市城市总体规划（2011—2030 年）》（以下简称现行总规）强制性内容的评估，采用定性和定量相结合的方法。一是着重于规划的实施绩效评估。主要在现场踏勘和资料研究的基础上，运用定量及定性相结合的方法对总规的实施情况作全面和客观的评析。主要从城市发展规模和空间布局、各项强制性内容的执行情况等方面全面考察总规各项内容实施的有效性。二是着重于规划的实施机制评估。主要是对规划实施的政策保障、运作机制，如规划法规政策和配套政策、规划体系是否有效承接、规划管理机制是否严肃透明、行政协作机制和社会协作机制是否顺畅等进行评估。三是着重于规划的环境适应性评估。通过对城市总体规划实施所面临的新的战略环境、区域环境和政策环境的变化及对邳州市的影响进行分析，针对规划实施的新要求与新情况分析并重，明确邳州城乡总体规划工作所面临的机遇与挑战。

从总体上看，现行总规充分考虑了编制当时的社会经济发展状况，城市定位相对准确，城镇体系结构较为合理，中心城区布局有序。2011 年至今，现行总规对邳州市的城市发展起到了重要的指导作用，城市在经济产业发展、市域城镇体系建设、城市空间发展、重大设施建设、生态环境与城市特色建设等各方面都取得了明显的成效。尽管也存在未实现阶段性目标的情况，但城市的整体发展是在沿着现行总规既定的框架和方向前进，因此，现行总规确定的总体发展框架是科学合理的，在国土空间总体规划编制中，应坚持并进一步完善落实。现行总规确定的城市性质与职能、城市规模、城市发展方向、城市空间结构、城市规划区范围等主要内容均应延续。

现行总规的成功经验主要体现在以下方面：一是制定了科学合理的发展目标定位，成为指导城市有序发展的总纲领。二是建立了多组团、开敞式的空间布局结构，充分体现"河、湾、湖、城"一体的水乡生态城市特色。三是在市域空间结构上进一步明确了东陇海发展轴的带动作用，对强化市域要素集聚发展和对接区域具有重要意义。

随着规划实施环境的变化，现行总规在某些方面也存在较大的局限性。这种不适应性体现得日益明显，主要包括以下方面：一是现行总规对城市人口增长和城镇化进程的预计出现了一定的偏差。从总体上来看，现行总规对城市人口规模的预期相对乐观，对城镇化进程的规划相对超前，对由于劳动力外出务工就业导致的常住人口较大规模流出的实际情况和发展态势欠缺考虑。二是现行总规对乡镇撤并力度过大，对实施可行性的考虑不够全面。由于现行总规编制时间较早，推进乡镇撤并有其历史背景，1998—2003年短短五年时间，全国就撤并了7400个乡镇，撤并比例占全国乡镇总数的17%，在一定程度上缓解了由于乡镇机构臃肿造成的国家财政重负。但邳州实际上已经执行了一批乡镇撤并，剩余的乡镇从人口、经济、用地及各镇发展趋势来看，撤并的实施难度都相对较高。三是徐州区域影响力逐渐增强，规划对邳州在淮海经济区层面承担的职能考虑还相对欠缺。由于现行总规编制时间较早，对淮海经济区的发展态势预判相对保守，加之规划获批后国家出台多项相关支持政策，包括2018年国家发展改革委印发《淮河生态经济带发展规划》（发改地区〔2018〕1588号）、2017年《徐州市城市总体规划（2007—2020年）（2017年修订）》获批并明确徐州"淮海经济区中心城市"定位等，淮海经济区的战略地位日益重要。在国土空间总体规划编制中，需要对新形势下城市定位与区域协调、市域城镇体系、产业提升与功能跨越、空间布局优化、生态保护与建设、设施支撑保障等重大问题进行深入研究，为邳州高质量发展奠定良好的基础。

（2）以土地指标定量化评价为重点的土地利用总体规划实施评估

本次国土空间规划编制过程中，以土地利用总体规划中对基本农田与耕地保护的严格管控为基础，通过全面调查了解评估期内邳州市土地利用变化情况、土地利用总体规划各项目标推进情况，不断提高规划实施的科学性、现实性和可行性，维护规划的权威性，保障规划的有效实施，促进耕地保护和保障经济社会科学发展。评估指标体系包括用地规模指标执行情况、用地结构和布局变化、节约集约用地三个方面，选取耕地保有量目标实现程度、永久基本农田保护目标实现程度、城乡建设用地控制规模实现程度、新增城乡建设用地上图指标使用程度和流量指标归还率5项指标。

邳州土地利用总体规划实施情况总体良好，用地规模指标执行情况良好，用地结构和布局变化执行情况良好，土地节约集约利用指标执行情况可进一步创新和完善节约集约用地新举措。规划整体执行较好，促进了邳州当前经济社会的发展，但建设用地总规模实现程度、流量指标归还率、2015年以来平均土地供应率、城镇化与用地增长系数实现程度等指标执行情况一般。因此，在国土空间总体规划编制中，需要进一步调整用地规模、结构和布局，不断提高土地节约集约利用水平，保障邳州未来经济社会发展对用地的需求。

（3）聚焦冲突与差异的"两规"协调评估

规划从建设用地图斑对比、空间管控分区对比、指标体系对比三个方面，对"两规"之间的冲突和差异进行分析。一是通过建设用地图斑对比可知，"两规"建设用地总量基本一致，但建设用地结构差异较大，城市总体规划中城镇建设用地占总建设用地规模的40%，土地利用总体规划中城镇建设用地占总建设用地规模的23.5%。二是在空间管控分区对比中，邳州市城市总体规划将市域空间划分为已建区、适建区、限建区及禁建区四类，土地利用总体规划将建设用地划分为允许建设区、有条件建设区、限制建设区及禁止建设区四类，两者划分依据不同，因此图斑差异较大，总体上来看，城市总体规划的已建区基本都在土地利用总体规划的允许建设区内，土地利用总体规划对允许建设区和有条件建设区的划定总规模较城市总体规划对已建区和适建区的划定总规模要小。三是在规划指标体系及目标值上，邳州市城市总体规划的指标体系包括经济指标、社会人文指标、资源指标和环境指标4大类15项具体发展指标，指标属性分为控制型指标和引导型指标。邳州市土地利用总体规划的指标体系主要针对用地规模，包括全域范围内各类用地指标，共15项指标，指标属性分为约束性指标和预期性指标。两者指标体系差异较大，对于其中共有的指标（常住人口、城镇化率、人均GDP、永久基本农田保护面积、耕地保有量、林地面积、建设用地总规模、城乡建设用地规模、森林覆盖率、人均城乡建设用地），规划目标值的设定也有差异。

"两规"存在差异的原因主要有两方面。一是两规的"四区"划分技术标准不统一。如城市总体规划将基本农田保护区划入禁建区，而土地利用总体规划却将基本农田纳入限制建设区。此外，规划期限、编制技术、用地分类体系等均存在差异，因而提出的空间管制指标也不相同。二是城乡发展目标存在差异。邳州市城市总体规划强调城市发展需求，因此在经济发展、人口规模、城镇化、资源约束等目标上，指标设定偏大。而用地规模上，邳州市土地利用总体规划强调严格保护耕地与基本农田，合理控制各项建设用地规模，因此指标设定偏小。城市总体规划与土地利用总体规划在用地指标上虽存在差异，但尚未突破土地利用总体规划约束性指标的要求。在国土空间规划编制中，应综合考虑"两规"方案，以土地利用总体规划中对基本农田与耕地保护的严格管控为基础，以城市总体规划中城市人口、经济、城镇化发展等为需求，统一研究对象的范围及规划年限、采用统一的规划统计口径、制定规划工作路线及规划技术方法等。

3.1.2 "三区三线"协调下的城镇开发边界划定

（1）新时代背景下城镇开发边界划定的研究进展

相对于欧美国家，我国城市化进程较晚，国内关于城市开发边界的研究也起步较晚，直至 21 世纪，我国对于城市增长边界的研究逐渐增多。近些年，国内研究对城市开发边界的目的与作用可总结为：在保护生态安全格局的同时，引导城市合理发展，提高开发边界内建设用地利用效率。

2006 年开始施行的《城市规划编制办法》提出，在规划编制过程中"研究中心城区空间增长边界"。城市规划制度中，早有"规划区""规划建设用地规模""三区四线"等管理工具，已形成完善技术及编制流程，但城市蔓延、新区泛滥的情况仍存在，早先成熟界线控制都未能充分发挥管控作用，城镇开发边界能否管得住？城镇开发边界是应对城市转型提出的政策工具，利用扩张的结果状态去设置界线，背后社会经济原因复杂，能否管得住？规划和管理难合拍，城镇开发边界难以限制城市无序蔓延，规划"想管住"，而现实"管不住"，结果就是规划划线，"线内没建满，外面一大堆"。城镇开发边界是一项实实在在的规划工作，需要科学划定以实用有效，划定有理、落地有利、实施有效。

城市空间粗放蔓延倒逼城市发展转型，城镇开发边界的科学划定与有效实施是保障生态环境底线、优化城市用地、促进空间集约高效发展的关键。在本次邳州国土空间总体规划过程中，规划编制单位针对城市开发边界划定过程中存在科学合理性不足与开发边界"落地难、实施难"的问题进行研究，通过分析实践过程中开发边界划定中的问题与不足，解决存在问题、优化边界划定，研究如何合理进行城镇开发边界划定的工作，实现开发边界规划技术上的科学性，建立划定工作技术方法；本次规划将研究与实证结合，旨在为开发边界的划定提供理论指导与经验借鉴，完善开发边界研究理论，建立划定工作流程路径，使开发边界"落得下""管得住"，对落实生态文明建设要求、防止城镇无序蔓延、促进城镇高质量发展具有重要意义，从而积极应对城市发展从增量向存量的转型挑战。

（2）紧约束条件下城镇开发边界划定的技术逻辑

城镇开发边界的划定遵循"五步法"，即定容量、定总量、定格局、定边界、定机制（图 3-1）。一是定容量，夯实研究基础，在国土空间开发适宜性评价、资源环境承载力评价及城镇发展现状研究基础上，核定城镇建设用地总量。二是定总量，进行城镇人口与城镇建设用地规模预测，确定城镇建设用地规模，并以此确定城镇开发边界总规模。三是定格局，在城镇发展方向、空间结构、功能布局研究的基础上确定城镇空间格局。四是定边界，综合以上分析，进行城镇开发边界的初划及校核，从而划定城镇开发边界。五是定机制，制定城镇开发边界的管控措施。

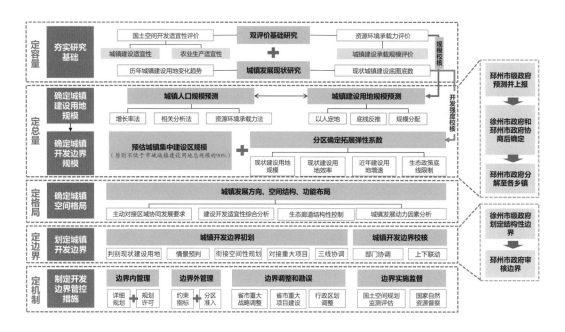

图 3-1 《"三条控制线"划定研究》思路

（3）治理逻辑下城镇开发边界划定的合理性论证

对初划的城镇开发边界进行校核与划定。在判别现状建设用地的基础上，全面衔接其他空间性规划、对接重大项目，并与生态保护红线与永久基本农田进行协调，最终形成城镇开发边界初划方案。一是上下联动。邳州市按照自然资源部和江苏省自然资源厅提出的多轮三条控制线划定规则和相关要求，结合市县联动、县镇联动等工作，进行了不同情景、不同规则下的三条控制线划定工作,向邳州市人民政府、邳州市自然资源和规划局及徐州市自然资源局进行了多次汇报与交流。二是明晰边界。尽量利用国家有关基础调查明确的边界、各类地理边界线、行政管辖边界、保护地界、权属边界、交通线等界线,将城镇开发边界落到实地,做到清晰可辨、便于管理。城镇开发边界由一条或多条连续闭合线组成,范围应尽量规整、少"开天窗"。三是上图入库。在第三次全国国土调查成果基础上,和国土空间规划成果一同上图入库,并纳入全国统一的自然资源部国土空间规划"一张图"。

校核三条控制线的协调情况如下: 邳州耕地与生态保护红线无交叉重叠,永久基本农田与生态保护红线无交叉重叠,城镇开发边界与永久基本农田无交叉重叠,城镇开发边界与生态保护红线无交叉重叠。重点基础设施项目已与三条控制线相协调,与永久基本农田、生态保护红线无交叉重叠。生态保护红线与水源保护区划定方案,交通、水利、能源等基础设施已进行充分协调,无冲突。城镇开发边界与黄墩湖水源保护区、交通、水利、能源等基础设施无冲突。国土空间规划实施方案、落地上图方案、成片开发方案、已报批建设用地等已充分衔接,大多已纳入城镇开发边界。

3.2 生态文明理念引领下的山水林田湖草系统治理研究

党的二十大报告提出:"大自然是人类赖以生存发展的基本条件。尊重自然、顺应自然、保护自然,是全面建设社会主义现代化国家的内在要求。必须牢固树立和践行绿水青山就是金山银山的理念,站在人与自然和谐共生的高度谋划发展。"国土空间总体规划编制中,应坚持节约优先、保护优先、自然恢复为主的方针,构建山水林田湖草系统治理框架。

3.2.1 美丽中国视角下的生态保护与环境治理研究

结合邳州林业大市、苏北水乡等自然条件,通过对土地资源、水资源及其他生态环境要素等方面研究,按照"先底后图"理念,保护好生态环境资源,确定市域空间发展容量、总体生态格局,对各类生态功能区的生态建设提出策略和指引。针对邳州市产业发展特点及环境方面存在的问题,重点研究环境保护功能区划,提出环境污染防治措施(图3-2)。

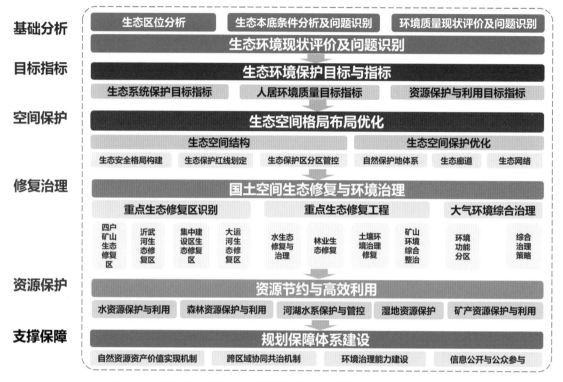

图 3-2 《生态文明理念引领下的国土整治修复研究》思路

（1）以"双评价"为基础的生态空间格局优化

资源环境承载能力是一定国土空间内自然资源、环境容量和生态服务功能对人类活动的综合支撑水平。资源环境承载能力评价是对自然资源禀赋和生态环境本底的综合评价，确定国土空间在生态保护、农业生产、城镇建设的不同功能指向下的承载能力等级。生态评价的目的主要是识别区域生态系统服务功能相对重要和敏感或脆弱程度相对较高的生态地区，通过生态系统服务功能重要性、生态敏感性反映。邳州市生态保护等级评价主要针对邳州市生态本底特征与现状问题，综合考虑数据可获取性，建立评价指标体系。根据邳州市生态系统服务功能特征，从水源涵养、生物多样性维护方面对邳州市生态重要性进行评价。并通过生态敏感性分析识别出邳州市生态环境影响最敏感的地区和最有保护价值的地区，在保护生态环境的前提下，合理开发土地。按照加权综合叠加法，对邳州市域内生态重要性评价、生态敏感性评价进行叠加分析，形成生态保护能力等级评价结果。邳州市生态保护能力等级整体偏低，总体分布规律是河流水系周边及自然保护区范围内生态保护能力等级偏高，陆地区域偏低。

依据邳州市自然环境和资源承载力特点，综合考虑不同地区的生态功能、开发程度和保护方式，结合资源环境承载力和国土空间开发适宜性评价结果，构筑"一轴五区、四廊多点"

的点、线、面相结合的国土空间生态保护格局。

（2）以高水平保护为前提的资源高效利用

加强自然资源保护，统筹自然资源保护、利用和治理，强化山水林田湖草"生命共同体"意识，以大运河水系为脉络，统筹森林、河流、湖库、湿地、耕地、矿产等自然资源系统保护。适应自然资源统一管理要求，明确森林、河湖水系、耕地、湿地、矿产等重要资源的核心指标、空间布局和管控保护要求。

一是森林资源保护与利用方面，根据邳州市在全国、江苏省主体功能分区定位，结合江苏省、邳州市土地利用总体规划、国民经济和社会发展规划、城市建设总体规划等相关规划，将全市林地划分为限制开发区、重点开发区、优化开发区、禁止开发区。严格执行林地征占用定额管理制度，从严控制征用占用林地，确保到2035年林地征占用总额控制在省下达指标以内。二是全面加强河湖生态管控，按照"主干河道—次干河道—支流水网"的现状三级水系脉络划定河道管理控制线、临水控制线，确保河湖水域面积不减少、基本功能不减弱、生态环境质量稳步改善。三是结合第三次国土资源调查，核实耕地资源现状，按照"严保严管、节约优先、统筹协调、改革创新"的原则，合理确定耕地保有量目标。四是对湿地资源实行分级管理，按照湿地的生态区位、生态系统功能和生物多样性特征，分为重要湿地和一般湿地，实现湿地保护面积和数量稳步提升。五是提出矿产资源保护目标、开发利用分区及相应管控要求。最终提出邳州市整体锚固"一水一林五分田"的市域资源要素保护与利用总体格局，实现规划期末自然资源总量保持稳定、质量进一步提升、生物多样性和生态价值持续增强。

（3）以精准治理为导向的生态环境分区管控

生态环境分区管控是以保障生态功能和改善环境质量为目标，实施分区域、差异化精准管控的环境管理制度，是提升生态环境治理现代化水平的重要举措。一是识别大气环境治理核心保护区、重点管控区与一般管控区。二是识别水环境优先管控区、城镇生活管控区与农业面源管控区。三是按照用地类型识别四类土壤环境管控分区。四是按照城市功能布局、重点噪声源和环境敏感目标状况，划分工业噪声控制区和生活噪声控制区两类管控区。最后，综合提出各类生态环境分区管控细则。严守生态保护红线、环境质量底线、资源利用上线，科学指导各类开发保护建设活动，对于推动高质量发展，建设人与自然和谐共生的现代化具有重要意义。

3.2.2　国土空间治理视角下的国土整治与生态修复研究

随着经济社会形势的巨大变化，国土整治面临着新任务、新使命，由面向土地资源的单要素整治逐步向面向山水林田湖草矿全要素的国土空间综合整治与生态修复转变。通过开展邳州市国土空间综合整治与生态修复研究，摸清邳州市国土整治类型与规模潜力，为推进生态文明建设和乡村振兴、实施山水林田湖草矿系统治理提供依据。

（1）以资源高效利用为导向的国土综合整治

邳州市土地整治工作不断推进，在保护耕地和节约用地、促进新农村建设和城乡融合发展等方面发挥了重要作用，取得了显著成效。但也存在忽视后续的耕地质量持续培育，土地生态整治有待进一步完善等问题。

研究对邳州国土空间综合整治潜力进行评估测算。一是农用地整治方面，依据邳州市的地貌类型、土地利用特点等，划出若干个农用地整理评价潜力区。以村为基本评价单元，计算各项潜力评价指标，测算可增加耕地面积，并编绘农用地整理潜力分布图。二是村庄建设用地综合整治方面，从理论潜力和可实现潜力两个方面进行评价，从扩展可利用空间潜力、人口经济影响因素等方面考虑，选取指标，建立指标体系，从而确定邳州市农村建设用地整治潜力。三是城镇建设用地整治方面，对邳州市城镇低效用地进行充分调查摸底，在分析低效用地的现状用途、规模、土地利用强度及投入产出水平基础上，结合规划用途、规划土地利用强度及国家和省、地方相关控制指标或标准，分析和测算低效用地再开发的土地利用规模潜力和经济潜力，最终得出理论潜力。同时，综合考虑规划期内经济社会发展水平、用地供需矛盾、开发建设成本、资金投入能力、再开发难易程度、权属状况、原土地权利人意愿等现实因素，对低效用地再开发进行可行性分析，确定规划期内可实现再开发的低效用地规模。建立邳州市城镇低效用地再开发现实条件评价指标体系，对邳州市城镇低效用地地块进行打分，划分为高潜力区、中潜力区、低潜力区，由此测算邳州市城镇低效用地再开发可实现潜力。规划期内低效用地再开发项目优先从高潜力区中选择和安排。

最终，结合调研实际情况，提出国土综合整治实施方案，包括农用地整治项目、农村建设用地增减挂钩项目及城镇低效用地计划再开发项目。有效发挥全域土地综合整治优化国土空间格局、助力乡村振兴的积极作用。

（2）以全域品质提升为导向的生态系统修复

生态保护修复是生态文明建设的重要内容。良好的生态环境既是人民生活的增长点，也是经济社会持续健康发展的支撑点。将自然恢复和人工修复有机统一，因地因时制宜、分区分类施策，力争找到生态保护修复的最佳解决方案。坚持整体观念，着力构建生态保护修复大格局。坚持系统治理，深入推进山水林田湖草沙一体化保护和修复。

强化山水林田湖草生命共同体意识，强调生态系统保护的系统性，针对邳州市自然保护地面积小、河流生态功能减弱、森林质量总体较低、矿山修复任务艰巨的问题，坚持问题导向与目标导向相结合的技术思路，积极探索统筹山水林田湖草一体化保护和修复。一是根据生态保护重要性评价结果，识别生态修复重点区域，包括生态保护重点区域、森林生态修复重点区域、水生态修复重点区域及矿山生态修复重点区域。二是根据市域重点生态修复问题和重点区域分析识别结果，将邳州市生态修复分区为沂武河生态修复区、集中建设区生态修复区、四户矿山生态修复区、大运河生态修复区，并提出各分区需进行的保护修复措施。三是针对突出问题及典型区域，提出邳州市生态修复的 4 大重点任务、12 项重点工程。全面实施山水林田湖自然生态系统保护与修复，有序推进主要生态系统休养生息，逐步增强森林、江河湖泊、湿地、耕地等自然生态系统的修复能力和自我循环能力。

3.3 协调发展理念下的区域协调与产城协调研究

3.3.1 新发展格局下邳州区域协同发展研究

区域协同发展研究有助于邳州市优化资源配置，提升区域竞争力，推动可持续发展。一是通过解读邳州区位条件的历史变化，明确邳州在不同历史阶段的区域地位及其决定性因素，判断未来可能的发展机遇。二是对邳州所处的区域发展环境与面临的挑战进行深入分析，梳理邳州面对的区域竞争。三是从全国、中观区域、微观区域等不同层次，在东陇海区域、京杭大运河沿线区域、淮海经济区，以及长三角和环渤海城市群接合部四个区域层面，分析邳州区域发展的现状及机遇。四是提出邳州融入环海经济区的协同发展战略。最后，从区域视角对邳州的发展定位提出建议。

（1）邳州区域发展格局的时空演变与驱动因素

通过解读邳州区位条件的历史变化，明确邳州在不同历史阶段的区域地位及其决定性因素（图 3-3），判断未来可能的发展方向。隋唐之前，邳州的自然地理区位条件良好，决定了它成为古代粮食产区的地位，从而为其城镇形成奠定基础。邳州位于淮泗水运线上，北近齐鲁，南蔽江淮，成为南北水陆交通的一大要冲。同时，源于与徐州呈掎角之势的区位条件，邳州是当时的军事重镇。自隋唐京杭大运河修建完成后，北方中心城市与南方的贸易带动了邳州港口商贸发展。邳州向北可连接北方中心城市，向南连接农业、手工业发达的江南地区，成为南北地区之间的贸易港口，处于二级商贸基地的地位。近现代，随着陇海铁路的开通，亚欧大陆桥建立，邳州水陆综合交通优势凸显，成为苏北、鲁南重要的水陆交通枢纽。邳州矿产资源条件较好，加之交通条件的极大改善，使得邳州向工业城镇转型。改革开放40多年以来，内生动力和民营经济引领邳州工业化进程，推动邳州成为全国百强县且地位持续攀升。回首6000年，邳州从"军事重镇"到"大运河节点"，再到"水陆枢纽"，"节点"区位、链接区域是邳州快速发展、保持较强竞争力的核心条件。

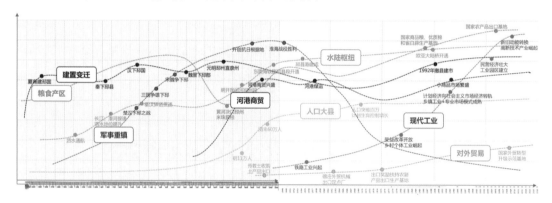

图3-3　邳州主要历史发展脉络

（2）新时期邳州融入区域协同发展大局的方向与路径

邳州在区域的经济地位稳步提升，但同时面临后起之秀的挑战。在鲁南苏北范围内，伴随临沂、济宁、连云港的发展，邳州在板材、化工、机电、农副食品加工、电子信息、商贸等优势产业方面面临激烈的区域竞争。从邳州邻接的市县来看，由于其所在的区域资源本底、发展条件相似，各县市职能定位相似、产业同构，邳州的板材、化工、农副食品、纺织服装等主导产业方面，存在区域竞争。

分析邳州所在的区域格局，从宏观、中观、微观区域分别看，存在四个研究视角。第一，从东陇海区域城市联系现状与发展趋势视角；第二，从京杭大运河沿线城市在文化、产业、生态方面的协同发展现状与趋势视角；第三，从淮海经济区组成城市之间的联系现状和发展趋势视角；第四，从京沪之间长三角和环渤海两大城市群接合部的交通、经济联系现状与发展趋势视角。研究分别从这四个视角出发，对于邳州的区域发展格局进行分析。在每一个视角下，将分别从区域发展现状、面临的发展机遇、邳州在区域的地位，以及邳州下一步的区域协同发展对策这四个方面展开，支撑邳州的区域协同发展战略。基于以上分析，对各个视角的对策进行适当的整合与拆分，提出邳州融入淮海经济区协同发展的六大战略。

一是对接"一带一路"、融入东陇海发展带，构建东西海陆双向开放格局。拓展外贸发展新空间，加强与连云港的港城联动，提升外贸便利化水平，提升邳州新港对开放型经济的服务能力。寻求机遇，发展专业化的国际商品交易。邳州有机会建立特定商品的交易中心，如农副食品、花卉国际商品交易中心。加强与东陇海通道的交通衔接。响应变化的运输需求，提升东陇海交通通道邳州段的运输能力。依托邳州新港，提升大运河航道货物的水铁、江河多式联运能力，形成更便捷的出口通道。

二是主动承接徐州区域中心城市的辐射带动，全方位融入淮海经济区。邳州市在淮海经济区可承担农业创新中心、制造业技术创新基地与承接基地两项职能。邳州依托现状徐州国家农业科技园的核心区"双核"之一的地位，以及基于农产品的医药产业发展基础，承担"淮海经济区农业创新中心"的职能。邳州有选择地承接徐州转移制造业，尤其是承担机械、化工、新材料、电子信息等产业的转移，完善、延伸产业链，成为制造业转移承接基地。同时在板材、医药、食品等优势产业与重点发展的机械、化工、新材料等方面，建设中试及成果转化基地，推动创新链和产业链深度融合，承担淮海经济区农业与制造业技术创新专业职能。此外，吸引对成本敏感、通勤时间敏感、环境敏感的创业企业在高铁站周边集聚，建设徐州都市圈低成本创业基地。利用区位及交通优势，建设链接徐州都市圈至连云港的专业化商贸中心及物流中转站。利用半小时交通优势，吸引徐州周末及节假日休闲度假人群，并与徐州都市圈共同构建区域特色游线。

三是加强与新沂、宿迁的一体化发展，共建"环骆马湖"城市群。推动大运河文化遗产保护与文化研究领域的合作。促进人才交流和遗产保护经验借鉴，建议三地共建大运河文化遗产展示中心。推动文化休闲旅游带建设，形成联动开发格局。在三市之间形成旅游线路的联动，共同开发文化旅游产品，联合打造"楚汉文化，运河风韵"文化旅游品牌。构建京杭大运河生态走廊，加强流域综合治理与上下游水质联控共治，共同保障南水北调工程水质要求。联动新沂、宿迁、睢宁三市，建设环湖生态带。最后，重点加强与新沂的交通对接与产业协调。加强与宿迁的交通联系，积极承接宿迁的辐射带动。

四是联动京杭大运河沿岸城市，共同推动大运河文化带建设。传承世界文化遗产带，共建大运河国家文化公园。积极参与大运河文化遗产保护与文化研究领域的合作。重点加强与上游枣庄、济宁，下游新沂、宿迁的合作，在遗产保护、非遗传承方面，融入区域合作网络；在文化展示方面，协同共建大运河文化展示中心；在文化产业方面，充分借鉴济宁、枣庄的成功发展经验。依托千年黄金水道，建设江苏"千年运河"国际旅游品牌的重要节点。共建江淮生态大走廊，共保南水北调东线生态环境。加强生态保护与建设管控。落实主体功能区规划，明确生态功能分区，划定生态保护红线，明确生态保护红线区建设管控。推进以"南水北调"清水工程为核心的生态治理修复与环境质量提升。

五是加强与其他淮海经济区核心城市的合作互动，助力淮海经济区协同发展。加强与临沂的交通联系和商贸物流合作，加强银杏旅游合作，在板材、食品、医药等方面形成与临沂的错位发展。加强与枣庄的交通联系，加强红色旅游、大运河旅游合作，在食品产业方面形成与枣庄的错位发展。加强与睢宁的交通联系，加强三国文化旅游协作，在机电、电子信息制造方面形成与睢宁的错位发展。加强与睢宁、临沂的生态共建共保，建立健全跨区域生态建设和环境保护的联动机制，统筹上下游开发建设与生态环境保护加强。

六是贯通南北、联动京沪，对接京津冀和长三角两大城市群。加强与京沪之间的联系，融入南北纵向交通大通道。加强邳州与京沪高速、京台高速、京沪二通道临沂高铁站及新沂高铁站之间的联系。争取长三角与京津冀的产业承接与深度合作。依托京沪发展轴积极融入京津冀协同发展、长三角城市群建设等国家战略。承接产业转移，加强科技创新合作，在建设绿色农产品保障基地、加强商贸物流对接和文化旅游合作等方面发力。

3.3.2 双循环背景下邳州产业空间布局优化研究

（1）新形势下邳州产业发展面临的核心问题与关键挑战

邳州经历了从中华人民共和国成立初期的农业大县向改革开放后的工业大县的转换。新形势下，邳州的产业发展面临七个核心问题。一是经济运行总体较好，但转型升级不容懈怠。2021年，邳州的三次产业结构呈"二三一"型，产业结构继续优化，工业主导型经济增长格局进一步巩固，工业投资持续增长，邳州已经进入了工业化中期，正处在加快转型、跨越发展的关键阶段。二是农业大县优势明显，但邳州市农业人均劳动生产率、粮食作物及蔬菜地均产量低于江苏省平均水平，农业现代化水平仍需提升。三是工业经济基础雄厚，但以板材、化工、合金机电、食品医药、纺织服装等为主导，工业结构相对偏重、偏传统资源型。传统主导产业出现下滑趋势，面临"低端锁定"困境；新兴产业和高新技术产业发展势头良好，但还在培育期，规模小，尚未挑起大梁。新型工业化任务仍然艰巨。四是服务业层次相对较低，整体规模偏小、能级偏低，除物流外其他生产性服务业相对较弱，缺乏区域竞争优势。五是创新驱动发展已经取得一定进展，但与江苏其他地区相比，在创新投入、人才和发明专利数等方面仍存在差距。六是对外经济已有一定基础，但仍以传统优势产品出口为主，开放型经济发展水平亟待提升。七是邳州市的区域经济地位稳步提升，但也面临后起之秀的挑战，在板材、化工、机电、农副产品加工、电子信息、商贸产业等方面面临激烈的区域竞争。

（2）双循环背景下邳州产业提档升级与布局优化的思路与对策

针对邳州目前农业现代化水平仍需提升、新型工业化任务艰巨、区域竞争优势有待加强等核心议题，提出四条规划思路。一是开放引领，统筹规划。把邳州的产业放在徐州都市圈、淮海经济区乃至江苏省、全国发展中谋划，强化与周边地区的分工协作，在更大范围、更高层次开拓市场、集聚资源、整合要素。抓好银杏、大蒜、板材等重点外贸产业"走出去"，积极培育新的外贸增长点，引导企业深度参与国际分工，提升开放型经济发展水平。二是创新驱动，特色发展。加强企业技术创新平台和创新创业载体建设，有效集聚创新要素，促进产学研用结合，建立以制造业和农业科技创新为核心、与邳州产业发展相适应的科技服务创新体系。提升特色经济竞争力，激发民营经济发展活力，打造一批附加值高、知名度高的区域产业品牌。三是集中布局，打造集群。以重点产业园区和产业集中区为依托，加大产业整合力度，促进产业集聚发展，推动优势资源和企业向符合产业布局要求的园区集中，增强规模效应，同时强化产业内部联系，加强产业协作配套，延伸产业链条，形成一批特色优势产业集群。四是产城一体，融合发展。处理好产业与城镇化发展的关系，科学界定重点产业集聚区的主体功能，合理安排产业发展和城市建设用地，在推进新区开发、老城改造的同时注重培育产业，在加快产业园区建设的同时注重完善配套服务，促进产业发展与城市功能同步提升，实现产业布局与城市建设的良性互动。

充分发挥邳州特色产业和资源优势，坚持传统产业改造提升和新兴产业培育壮大并举，一二三产业并进，精准聚焦重点产业，着力构筑高端产业链、创新链和服务链。调优四大传统优势产业、做强三大战略性新兴产业、壮大两大基础性产业，形成以先进制造业为主导、现代服务业与现代农业强力支撑的现代产业体系（图3-4）。同时，提出六条产业发展核心策略。

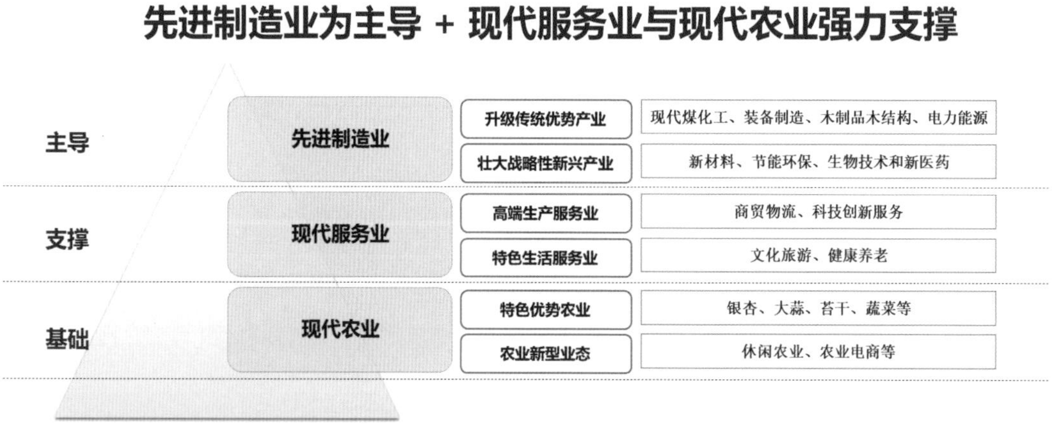

先进制造业为主导 + 现代服务业与现代农业强力支撑

主导	先进制造业	升级传统优势产业	现代煤化工、装备制造、木制品木结构、电力能源
		壮大战略性新兴产业	新材料、节能环保、生物技术和新医药
支撑	现代服务业	高端生产服务业	商贸物流、科技创新服务
		特色生活服务业	文化旅游、健康养老
基础	现代农业	特色优势农业	银杏、大蒜、苔干、蔬菜等
		农业新型业态	休闲农业、农业电商等

图 3-4　邳州市现代产业体系

一是促进优势产业集群转型升级，重塑产业发展动力。聚焦邳州六大主导产业、22 条产业链，打造传统产业转型示范和战略新兴产业发展引领的先进制造业基地。聚焦碳基新材料、节能环保、生态家居、半导体材料与设备、高端装备制造、绿色食品六大主导产业，推动产业集聚向产业集群升级，建设传统产业转型示范和战略新兴产业发展引领的先进制造业基地。同时，积极拓展商贸新模式，加快传统专业市场转型升级。

二是适应产业发展需求，加快开放型经济平台建设。以国家外贸基地为重点，构建对外开放经济格局。扩大特色优势农产品出口，打造一批国际知名农业品牌，提升国家外贸转型升级基地建设。以大蒜、板材两大国家外贸转型升级基地为龙头，继续提升优势农产品出口，拓展家具、银杏制品、高新技术产品的外销市场，建设带动区域、面向全球的特色型开放经济平台。

三是积极融入区域发展格局，加强区域产业协同合作。承接徐州辐射带动，建设淮海经济区东部"新城"。加强与临沂、枣庄、睢宁等周边区域中心城市在商贸物流、旅游、制造业等方面的合作。依托京沪发展轴，积极融入京津冀协同发展、长三角城市群建设等国家战略，争取长三角与京津冀的产业承接与深度合作。在高端机械制造、生物医药、电子信息、环保建材等产业规划方向上，加强对接，承接京津冀、长三角的产业转移。

四是围绕产业链布局创新链，搭建多元创新创业平台。构建多元创新模式，促进创新与产业集群有机互动。围绕产业链、布局创新链，构建龙头企业主导—中小企业协同、战略性新兴产业—传统资源产业—传统加工业的多元创新模式，实现产业集群与创新集群的有机互动。依托大蒜和银杏两大特色产业，以农业科技研发与试验、农业科技成果引进与转化为重点，与徐州共建淮海经济区农业科技中心。因地制宜，积极创建一批银杏、大蒜等特色星创天地，助力邳州农村创新创业和一二三产融合发展。此外，激发民营经济活力，完善创新创业生态系统。

五是发展农业发展新模式，推动乡村农业高质量融合发展。构建现代农业产业体系，促进农业提质增效；壮大邳州特色农业优势，建设一批特色农产品基地；延伸农、工、商、文、旅产业链，促进乡村三产融合发展。

六是加快文化旅游价值延伸，构建全域旅游空间格局。围绕"银杏邳州·楚汉风韵·红色经典·水乡田园"旅游品牌，丰富旅游产品体系，建设区域特色旅游目的地。促进全域资源旅游化利用，形成全域特色体验网络。

3.3.3　产城协调视角下工业园区用地布局优化研究

（1）邳州工业园区产城关系的特征机理与优化策略

邳州市近年来坚持"工业立市、产业强市"发展战略，形成了"两主三特四重一港"共十大园区的空间发展布局，以碳基新材料、节能环保、木制品木结构、半导体材料和设备、非晶科技等代表产业为主要支撑。工业园区布局优化围绕以下三个重点问题展开研究。

一是重点聚焦各园区的空间用地拓展问题，为重点产业项目落地提供空间支撑载体。目前，邳州市部分重点工业园区亟须解决产业用地紧缺、项目建设落地难、园区空间拓展方向不明确等难题，特别是官湖木制品木结构产业园、岔河电子设备产业园用地紧张，能否协调邳城与陈楼、邢楼与戴庄等周边乡镇共建园区还有待研究；赵墩工业园拓展方向不明确，如何协调建材产业园与临港产业园有待研究。

二是针对部分工业园区产业定位杂、不成体系的情况，明确园区的产业主攻方向。面对国内外发展条件的变化、区域竞争的不断加剧，各园区面临产业转型升级和发展方向选择难题。目前，邳州大多数工业园区虽然已有一个较为粗略的发展方向，但产业细分领域和产业链条不够明确，议堂台韩工业园等产业定位杂、不成体系，整体缺乏一个全面系统的产业发展规划。本次专题研究针对议堂台韩工业园、赵墩建材产业园等个别产业园区目前产业定位杂、不成体系的情况，重点研究该园区的产业主攻方向。

三是与国土空间总体规划同步推进，能够实现园区空间布局与国土空间总体格局的高度契合。本次邳州市国土空间总体规划将落实上级国土空间规划的规模指标要求，统筹协调全市域及各工业园区的建设用地需求，确定各产业功能区、工业园区在规划期内的用地指标分配方案。同时，规划将协调三条控制线（生态保护红线、永久基本农田、城镇开发边界），统筹考虑全市域城镇、产业、交通、生态等方面的发展要素，实现各工业园区用地拓展方案与全域城镇开发边界、主导功能分区等的统筹协调。

（2）工业园区土地资源供需平衡与配置的技术逻辑

规划立足邳州产业发展与布局的现状问题分析，对接国土空间规划和"十四五"发展思路，重点解决邳州市各重点工业园区的空间布局与用地拓展问题，为重点项目落地提供支撑与保障。包括：厘清邳州各重点工业园区与各城镇的关系，实现与国土空间规划的高度契合；通过科学布局与集约用地，减少对公共空间的无效占用和浪费；聚焦主导产业所需，为园区可持续发展提供空间载体，提升招商引资吸引力。

第一，盘点各工业园区现状基础与空间发展条件。第二，提出各工业园区的功能定位与发展战略，通盘谋划园区总体空间结构。第三，研判各工业园区的用地规模。第四，明确各工业园区用地拓展的概念性方案。第五，提出针对工业园区实际问题的规划实施保障措施（图3-5）。

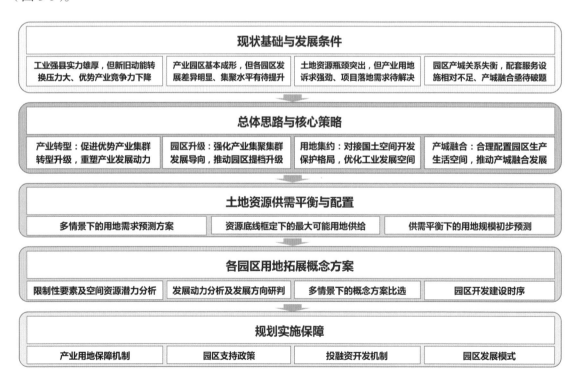

图3-5 《邳州市重点工业园区产业空间布局研究》思路

（3）工业园区用地布局方案与开发时序的多情景推演

首先，提出优化产业园区空间布局的核心策略，强化产业集聚发展导向，明确各园区产业主攻方向、制定分园区正负面清单；搭建园区创新服务平台与商贸物流平台，推动园区提档升级。其次，对接国土空间开发保护格局，谋划园区总体空间结构。引导产业向园区集中，推进乡镇工业园区资源整合，形成"两主三特六重一港"共12大制造业集中区。最后，明确工业控制线，实现对工业空间的预留与管控。

在此基础上，重点进行各工业园区用地多方案多情景推演。合理配置园区生产生活空间，以城园互促型、镇园一体型、镇园分离型三类产城融合模式为重点，优化园区功能结构，完善就业圈和生活圈配套设施，控制合理的通勤距离。以电动车行驶15分钟的就业圈与生活圈为基本空间范围，划定三类产城融合单元，以合理配置产业和居住空间，引导实现职住平衡目标。见缝插针加快产业服务中心与产业邻里建设，推动产城融合。优化土地资源供需平衡与配置。坚持控制总量、投放增量、挖潜存量、畅通流量、提高质量的总体思路，倒逼工业园区发展方式转变。在总量有限的情况下，优先保障重点园区；在未来土地指标紧张的情况下，工业园区建设用地规模以供定需；园区作为城/镇区的一部分，需统筹"产业：城镇"用地配比关系；应对未来不确定性，多情景预测高、中、低方案（图3-6）。结合各园区用地需求和供给预测方案，综合确定2035年各园区镇（含经开区、高新区）总的城镇建设用地规模。此外，加大存量用地挖潜力度，提高用地效率；畅通农村居民点用地腾退机制，在村民自愿的前提下适当增加增减挂钩规模，满足部分新增建设用地指标需求。

需求端	**用地需求分析** · **以产定地（产业用地）**：以经济总量预测及用地效率为依据，预测2035年各工业园区城镇建设用地规模。 · **以人定地（城镇用地）**：以经济总量预测和劳动生产率为依据，预测产业带动人口规模；结合城镇人口增长特征和趋势，综合预测各镇常住人口规模；根据人均用地标准，预测各园区镇建设用地。 · **以地定地**：根据现状增长特征和未来发展趋势的前瞻，预测2035年城镇建设用地总规模。	**多情景预测高、中、低需求方案** · **高情景预测方案**：预计邳州各工业园区产业结构顺利升级优化，产业增长势头好，就业岗位显著增加，吸引外来人口定居和农业人口转移；同时衔接相关规划预测，各工业园区用地规模略小于各乡镇总规预测值。 · **中情景预测方案**：预计邳州各工业园区产业结构实现一定转型，产业增长势头较好，就业岗位有所增加。 · **低情景预测方案**：预计邳州各工业园区继续保持现状主导产业健康发展，未来经济产业发展稳中趋缓；在土地指标较低的情况下，优先保障重大产业项目用地需求。
供给端	**用地供给分析** · **资源视角**：资源环境承载能力和国土空间开发适宜性评价（双评价）；增量与存量土地资源布局分析。 · **底线视角**：各镇街底线范围外用地总量分析；开发边界内用地总量分析。 · **政策视角**：土地利用规划中各镇街新增建设用地指标分析（对比各镇总规建设用地规模）；土规城市允许建设区、有条件建设区、限制建设区指标分析；城乡建设用地增减挂钩潜力分析（试点案例中实践的城镇百分比、邳州集中建设区规划中的潜力分析）。	**多情景确定用地指标分配方案** · **"园区镇：非园区镇"指标分配**：邳州产业发展势头好、用地需求高，除优先保障中心城区建设用地需求外，用地指标重点向工业园区倾斜，特别是部分发展势头好的重点园区和土地资源充足的园区；在土地指标有限的情况下，合理协调与中心城区、其他乡镇的用地指标分配。 · **"产业：城镇"用地配比**：考虑产业发展、城市品质（设施、人居环境）都会带动人口集聚，因此配置时应考虑"产业：城镇"用地的投放配比关系，并使各城镇的工业用地比例、居住用地比例达到较合理的数值。

图 3-6　多情景推演技术路线

3.4　特色发展价值导向下的全域特色挖掘研究

3.4.1　基于全域视角的城乡特色塑造研究

（1）邳州城乡特色要素的挖掘与识别

自然本底特色方面，邳州全境地势平坦，总体呈现中部微凹、局部微丘的地形地貌特点。一山二水七分田，部分山丘还分布有古树、寺庙、墓葬、遗址等资源，地方特色浓郁。邳州市季相分明、生境独特，是中华人民共和国生态环境部第二批命名的 49 个国家生态示范区之一。境内的动植物资源丰富。邳州全境水网密布，相较于周边其他城市为中偏上水平，是北方少见的多水城市。

历史文化特色方面，邳州地区已有 6000 多年的人类文明发展史，是江苏省最早的人类文明发现地。以楚汉文化为主，兼容治水文化、大运河文化、红色文化、民俗文化和铁路文化。

城乡风貌特色方面，城乡整体格局形成非建设环境主导、团块状聚集分布、串联式城乡格局。伴随着城镇化发展方式的转型，关注城乡空间品质的提升和特色塑造、增加城市吸引力和宜居性成为邳州未来新型城镇化的重要工作内容。

（2）邳州县域城乡空间特色塑造的核心策略

本专题在对邳州自然本底、历史文化、建成风格、经济产业等影响城乡特色的要素进行深入分析的基础上，总结出对邳州现状特色及主要问题的认知。针对邳州的特色及问题，从生态重塑、控线三修、风貌传承等方面，提出邳州特色塑造的具体策略，涉及生态环境、历史文化保护、蓝绿系统、风貌系统、总体城市设计等方面。深入挖掘并提炼城市特色和乡村特色，提出城市、乡村发展特色定位引导及指引，以改善城乡的环境，提升地区的竞争力（图 3-7）。

一是强调生态重塑，实现山水田园融合画境。以自然生态为底，尊重自然、师法自然，对乡村"山、水、田、林、湖"等自然要素在深入实施保育、修复、挖掘的基础上，构筑特色邳州的生长背景。根据自然要素分布，在集中建设区外围，形成山地丘陵区、水系生态区、田园风光区、银杏林地水网区四大自然本底风貌分区。维护市域水系格局，逐步扩大河湖水面率，宜适当增加河湖水面和湿地，增加各级河道的连通性；在满足防汛、排涝、通航等功能前提下，大力倡导驳岸的生态化建设。以水系、道路为骨架，以农田、村落为斑块，构建覆盖全域的乡村林网系统。

图3-7　《城乡特色挖掘专题研究》思路

二是控线三修，修复修补文化网、河道网与绿道网。形成刘林—梁王城遗址至骆马湖风景区集中展示带，以及一条百公里最田园的乡村风景链、一条"最忆是邳州"城市文化休闲记忆链的"一带双链"城乡特色体验路径。依托乡村风景路，重点建设祈祥艾山、银杏时光、古栗传说、八路花海、岠峰独秀、黄草山林、四辣农田和浩气禹王等八大郊野公园，怀旧叹今打造邳州新八景。

三是以风貌传承，展现楚韵汉风时代风采。中心城区构建"一带、三区、六廊、五路、多点"的特色风貌控制系统。同时针对各风貌要素提出相应的控制要点与建设指引。确立和控制城市视域视廊，极大地改善城市风貌。以散落在城区之外的乡村为载体，在充分剖析村落肌理、建筑特色、村落环境、村庄文化和产业特色的基础上，打造美丽乡村，彰显邳州乡村特色。

3.4.2　邳州大运河文化的保护、传承与利用研究

（1）大运河邳州段的多元价值解析

一是战略价值。习近平总书记高度重视大运河文化带建设，多次对大运河文化保护传承利用作出重要指示批示，指出："大运河是祖先留给我们的宝贵遗产，是流动的文化，要统筹保护好、传承好、利用好。"随着《大运河文化保护传承利用规划纲要》《江苏省大运河文化保护传承利用实施规划》《大运河国家文化公园江苏段建设保护规划》《徐州市大运河文化保护传承利用实施规划》等文件的出台，大运河文化带的建设已经从提高思想认识阶段，步入

规划落实的实际操作阶段。

二是生态价值。习近平总书记在全国生态环境保护大会上的重要讲话指出，山水林田湖草是生命共同体，要从系统工程和全局角度寻求新的治理之道；治理好水污染、保护好水环境，就需要全面统筹左右岸、上下游、陆上水上、地表地下、河流海洋、水生态水资源、污染防治与生态保护，达到系统治理的最佳效果。将生态环境提升工作嵌入大运河文化景观，既擦亮大运河的生态底色，又大力推进文旅融合发展，彰显大运河承载的"生态经济"价值。

三是文化价值。为更好地统筹推进大运河文化遗产保护和生态环境保护提升、沿线名城名镇保护修复、文化旅游融合发展、大运河航运转型提升，江苏省人民政府和徐州市人民政府分别发布了《大运河江苏段核心监控区国土空间管控暂行办法》（苏政发〔2021〕20号）、《大运河徐州段核心监控区国土空间管控细则（试行）》的相关要求，将大运河主河道（包括邳州市域范围内的中运河段和不牢河段）两岸各2000米的范围划定为大运河核心监控区，按照滨河生态空间、建成区（城市、建制镇）和核心监控区其他区域三个区予以分类管控。因此，推动大运河文化带（邳州段）建设，把大运河文化遗产保护同生态环境保护提升、文化旅游融合发展、大运河航运转型提升等统一起来，是落实大运河文化遗产高标准保护和大运河文化价值高品位传承的必然要求。

四是经济价值。京杭大运河的中运河流经邳州，所形成的货物运输、经济贸易、文化交往等联系从历史上一直延续至今。大运河邳州段虽然大运河文化遗存相对较少，但作为"最古老的运河最年轻的河段"，不仅是大运河国家文化公园（江苏段）刘林—梁王城遗址至骆马湖风景区集中展示带，还有银杏、工业遗产、农业特色等独特亮点。通过深度挖掘大运河文化内涵和时代价值，推动一批大运河保护利用重点项目建设，将为邳州释放发展新动能创造有利条件。

五是社会价值。自古以来，邳州就与大运河息息相关。随着邳州城市的发展，市民生活水平的提高，打造魅力大运河城市，让市民亲近大运河、游览大运河、品味大运河，使大运河成为邳州的景观河、文化河、生态河，已经成为邳州市人民政府和市民的共识。通过构建更为宜居、更为亲善、更符合绿色发展理念的运河体系，让大运河（邳州段）成为以"绿色生态、旅游观光、娱乐休闲、能量补给驿站"为主导的多功能生态文化生态走廊，真正实现还河于民、还岸于民、还景于民，达到人与自然的共存与融合。

（2）文化引领下的邳州大运河特色塑造

最年轻的运河遇见最遥远的文明——运河悠悠载，古今千般劫。中运河是京杭运河全段中最年轻的一段古运河，它的形成缘起于明万历三十二年（1604）完成的"避黄开泇"工程，该工程是邳州城市发展史上一件具有划时代意义的大事件，直接奠定了现今邳州城水相依、城运相生的发展格局。年轻的运河从北至南绵延60余千米，遇见了记录着人类6000年文明史的遗址，串联了几经变迁的城市与乡村。

根据国家《大运河国家文化公园建设保护规划》要求，规划梳理邳州大运河特色要素，引导特色空间向大运河布局，打造一条融合远古与未来、体现邳州特点的世界级文化遗产集中展示带（表3-1）。

表 3-1　邳州大运河集中展示带特色空间营造

序号	主题	起讫点	长度/千米	核心展示园	特色展示点	核心目标	营造要点
1	远古文明段	市域边界线至中运河与京杭大运河主航道分叉点	12	刘林—梁王城遗址公园	禹王山公园、泇口古镇遗址、清河闸遗址	展示邳州6000年的古老文明起源，展示避黄开泇的重大运河事件	尊重地形地势风貌、修复整治历史遗迹场所，确保岸线的植被覆盖率大于90%
2	乡村田园段	京杭大运河邳州段至官湖河	24	大王庙田园综合体	刘山闸、老不牢河历史河道、徐塘口及徐塘闸	展示邳州原汁原味的乡村田园生活形态	利用现有村庄植入区域文旅设施，确保岸线植被覆盖率大于85%
3	运河城镇段	官湖河至房亭河段	12	老港口遗址公园	陇海铁路线公园、官湖河雨洪公园、老榆树记忆街区、王杰烈士墓、大运河风景路	展示邳州城乡间水乳交融、和谐共生的关系，展现大运河发展的时代性	注重大尺度开放空间与设施的结合，多布局广场等休憩空间，结合集中绿地布局街区式的文创园
4	郊野生态段	房亭河段至市域边界线	15	下邳王墓地遗址公园	黄墩湖湿地公园	展示邳州生态文明建设成果	修复绿地、水网等生态本底，保护湿地公园生态系统，除必要的旅游配套设施外，禁止开发建设

3.5 城乡统筹发展理念下的新型城镇化与乡村振兴研究

3.5.1 新型城镇化视角下的县域人口与用地规模研究

（1）邳州城镇化的基本特征与动力机制

自 2014 年以来，国家、江苏省、邳州市先后开展多项工作、部署推进新型城镇化建设，并出台了一系列重要政策及意见，在人口和用地规划方面提出了具体要求。基于新型城镇化的视角研究邳州城市人口与用地规模问题，有助于在准确研判城镇化新趋势、新特点、新要求的基础上，从实际出发，着力解决当前人口城镇化动力不足、土地城镇化快于人口城镇化、城镇空间分布和规模结构不合理等突出矛盾与问题。

根据邳州市第七次全国人口普查结果，2020 年邳州全市常住人口为 146.26 万人。与 2010 年（"六普"）相比，十年间共增加了 4525 人，增长 0.31%。市域人口结构呈现老龄化、受教育程度提升等特征。邳州常住人口城镇化率略高于徐州市县域城镇化率水平，但低于徐州市、江苏省与全国城镇化率水平；市域内各街道 / 镇的城镇化差异显著。

市域城镇化动力来源于两个方面：一是工业发展、新的服务功能及旅游业发展产生的就业吸引，将主要体现在中心城区和拥有工业园区、旅游资源的重点镇。除吸引农村人口向中心城区及重点镇转移外，还将吸引一定规模的市域外出务工劳动力回流。二是农村剩余劳动力转化。由于邳州市农业人口占比较高，城乡差距显著，城镇化率处于相对较低水平，在可预见的未来一段时间内，市范围内的城乡人口转移仍然是市域城镇化率提升的最主要动力。

（2）新阶段县域人口规模预测的技术逻辑

新型城镇化等理念的提出，对城乡人口流动、空间资源配置，公共服务设施的供给均提出了新的要求。本专题将落实江苏省新型城镇化、《江苏省城镇体系规划（2015—2030）》要求，探讨邳州未来城市人口与用地发展变化趋势，明确科学合理的人口与建设用地规模诉求、实现路径。

人口规模预测采用综合增长率法、劳动力需求法进行预测，并以土地资源承载力与水资源承载力进行校核。

用地规模预测则是在土地资源平衡和配置上，坚持控制总量、投放增量、挖潜存量、畅通流量、提高质量的总体思路，从供给、需求两个角度，对城镇建设用地规模进行匹配分析。

（3）以新型城镇化为目标的人口发展策略

邳州市人口增长将面临诸多机遇。原因有以下四点。第一，全国范围内的外出农民工回流趋势。当前，农民工外出人数呈下降趋势，省内回流增多。这与区域发展差距缩小、鼓励就近就地城镇化的政策等相关。第二，针对苏北地区发展的政策支持因素，包括徐州建设"淮海经济区中心城市"、徐州连云港共建"新亚欧大陆桥东部桥头堡"等政策，在制造业、服务业、交通和对外开放方面将形成新的发展机遇，将对苏北地区发展起到带动作用。第三，江苏省支撑苏北地区发展中小城市的思路。《江苏省新型城镇化与城乡发展一体化规划（2014—2020年）》（苏发〔2014〕8号）明确提出："在沿东陇海沿线地区和沿运河地区，选择基础条件良好的县城，培育其成为区域次中心城市，带动苏中苏北腹地发展振兴。"邳州作为东陇海沿线发展实力最强的城市，以及徐州都市圈东部最重要的节点城市，将在省域城镇体系中发挥更重要的作用。第四，徐州作为淮海经济区中心城市的辐射和带动能力不断提升，为邳州城市功能的提升创造条件。徐州都市圈发展进入新阶段，邳州作为徐州都市圈东部新城，未来人口承载、设施配建都存在空间需求；在重大交通设施布局方面，徐连高铁、临港产业园、环城商贸物流园等重大设施与项目确定和实施，将带来新的发展动力。

首先，中心城区通过对邳州优势产业升级发展，提升产业发展质量与高新科技含量，并扩大产业规模，可以进一步强化市域经济中心地位，并在区域竞争格局中积极争取市域外出劳动力回流，增强中心城区的就业吸纳能力。其次，对市域内农村富余人口而言，享有城市设施与服务是城镇化的主要动力。邳州市应全面提升集中建设区基础设施建设水平，完善道路、市政公用设施，建设城市绿道与公园体系，综合提高居住环境品质。提升人民群众特别关注的教育、医疗、社会保障等城市公共服务水平。最后，邳州市中心城区在人口快速集聚的进程中，应注重实现人口的优化分布。通过改善基础设施条件、政策鼓励、资金投放支持等系列措施，积极引导新增人口向新区集聚，并通过用地置换（主要是棚户区改造的货币化安置）、土地开发强度和容积率限制等措施，避免老区继续集聚人口，从而实现中心城区人口的均衡分布。

3.5.2 共同富裕目标下乡村全面振兴的实施路径研究

（1）乡村振兴的基础：认识邳州"三农"问题

实施乡村振兴战略，是以习近平同志为核心的党中央作出的重大决策部署，是决胜全面建成小康社会、实现社会主义现代化的重大历史任务，是做好新时代"三农"工作的总抓手，也是推进邳州高质量发展的必然要求。2018 年年初发布的《中共中央 国务院关于实施乡村振兴战略的意见》进一步提升了乡村振兴战略的地位。《江苏省乡村振兴战略实施规划（2018—2022 年）》（苏发〔2018〕23 号），强调乡村振兴要坚持系统思维、整体推进；要推动城乡融合发展，培育乡村经济新动能。

邳州作为传统农业大县，目前已经形成了多方面的乡村战略部署，包括正在打造国家全域旅游示范区；不断提升农业产业化水平，争创全国农村一二三产融合发展试点市；以创建省级特色田园乡村为抓手，实施村庄环境改善提升行动。但邳州农业现代化水平仍需提升，城乡联动发展不足，村庄空间布局差异化明显，村庄建设用地利用低效，这些问题都亟须解决，并在国土空间规划编制中予以衔接。

（2）乡村振兴的路径：推动"三个提升"

以人为本，惠民富民，加快推进农业现代化，培育乡村经济新动能。落实以人民为中心的发展思想，尊重农民意愿，发挥农民在乡村振兴中的主体作用，调动广大农民的积极性、主动性和创造性，把维护广大农民根本利益、促进共同富裕作为出发点和落脚点，拓展多元化、可持续的经济发展动力与农民增收途径，不断提升农民的获得感、幸福感。加强高标准农田建设，筑牢农业产能基础。构建现代农业产业体系，促进农业提质增效。以国家农业科技园为引领，优化全域农业生产力布局。搭建农业科技创新平台，共建淮海经济区农业科技中心。壮大邳州特色农业优势，建设一批特色农产品基地。以建设国家外贸基地为重点，构建农业对外开放新格局。延伸农、工、商、文、旅产业链，促进乡村一二三产融合发展。分类引导乡村产业融合发展模式，打造三产融合新载体。激发农业农村创新创业活力，建设邳州特色星创天地。拓展农民增收空间，推动农村劳动力高质量就业。

因地制宜，特色发展，建设生态宜居的美丽乡村。加强全域自然生态资源保护，修复乡村生态系统。立足各乡村自身资源禀赋与独特优势，注重不同地区和村庄的差异性，树立城乡一体、多规合一理念，遵循乡村发展规律，综合考虑产业发展、人口布局、公共服务、生态保护、文化传承等因素，促进农业、生态、文化、旅游、互联网等全要素、全产业链的深度融合。以空心村整治为重点，盘活乡村存量建设用地。划分 15 分钟社区生活圈，提升农村公共服务水平。统筹城乡市政设施网络，推进农村基础设施提档升级。

改革创新，示范带动，完善现代乡村治理体系，强化"人、地、钱"政策保障。把特色田园乡村建设作为实施乡村振兴战略的试验田和新载体，坚持高标准、系统化推进，探索可复制可推广的经验做法。激活各类乡村振兴主体活力，建立起促进乡村振兴的人才、产业、投资、土地、财税、考评等政策体系，形成促进乡村发展的长效机制。破除各种体制机制障碍，统筹推进城乡配套改革，推动城乡各种资源要素自由流动、平等交换，推进新型工业化、信息化、城镇化、农业农村现代化同步发展，加快形成工农互促、城乡互补、全面融合、共同繁荣的新型工农城乡关系。

（3）乡村振兴的保障：激活"人、地、钱"

本专题研究在深入认识邳州"三农"现状特征和综合评价村庄发展条件的基础上，从构建乡村振兴发展新格局、推进农业现代化、培育乡村经济新动能、分类建设美丽村庄建设、完善乡村治理体系、补齐乡村民生短板、强化"人、地、钱"政策保障等方面，提出邳州乡村振兴的发展策略，力争推动邳州乡村振兴走在全省前列。

其中特别对几个重点问题进行了深入研究，包括：如何顺应城镇化发展规律、把握农民集中居住区建设的度，在国家农业科技园建设引领下优化全域农业生产力布局问题；立足乡村资源特色、激发乡村发展活力的三产融合发展模式，以空心村整治和危旧房改造为重点的农村建设用地综合整治问题；挖掘田园乡村特色，促进全域资源的旅游化利用问题；结合农村土地制度改革的乡村振兴用地保障问题等。

生态优先，绿色发展，构建乡村振兴发展新格局。牢固树立生态文明理念，将生态环境保护作为发展的基本前提，统筹生态与经济、政治、文化、社会的融合发展，推动绿色、循环、低碳发展，兼顾短期经济效益与长期生态环境效益的统一，形成节约资源和保护环境的生产生活方式，实现人与自然协调发展。划定"三区三线"，强化城乡空间用途管制。优化城镇村布局结构，推动城乡联动发展。优化乡村发展布局，统筹生产、生活、生态空间。因地制宜，分类推进村庄建设与发展引导。尊重城镇化规律，有序推进农民集中居住区建设。

第 4 章　规划引领：支撑邳州高质量发展

4.1　战略引领，建设"强富美高"新邳州

立足邳州在全省国土空间新格局中的重要区位，结合邳州作为运河城市在文化底蕴和生态建设方面的独特魅力，确定城市性质与核心功能定位为：淮海经济区高质量发展示范市、大运河畔生态宜居幸福城、历史底蕴深厚的现代化中等城市。

（1）淮海经济区高质量发展示范市

发挥自身区位和产业优势，建设淮海经济区的先进制造业强市，银杏、大蒜、半导体材料等农业和制造业细分领域的专业化产业科技创新中心，重要的水陆交通枢纽和商贸物流基地。

（2）大运河畔生态宜居幸福城

深度挖掘大运河文化内涵和时代价值，融入大运河国家文化公园体系，打造集文化、生态、生活、旅游等多元功能于一体的大运河风光带。彰显"城在林中、水在城中、田在景中、人在园中"的生态之美，打造宜居宜业人居典范。

（3）历史底蕴深厚的现代化中等城市

深入挖掘邳州 6000 多年的历史文化底蕴，构建具有邳州特色的历史文化保护传承体系。发挥城市规模效应，优化组团式、片区化开发的城市功能布局，推动高能级现代中等城市建设。

4.2　区域协同，构筑开放发展新格局

融入"一带一路"，共建欧亚大陆桥东部联动带。一是加强与"一带一路"沿线城市的经贸互通和产业合作，拓展外贸发展新空间。发展专业化的国际商品交易，形成银杏、大蒜

等特色农副产品区域交易中心。融入徐连先进制造带，深化与徐州、连云港的产业协作与创新协同。二是加强与连云港、徐州的交通及物流合作，巩固提升水陆联运综合交通枢纽地位。积极推动徐宿连航道的建设，实现邳州港与连云港港的互联互通，打通海河联运通道。加快邳州新港建设，提升邳州新港对开放型经济的服务能力。加强与徐州淮海国际港务区、空港开发区、高铁物流园等的全面对接，提升商贸物流便利化水平。

协同打造沿大运河文化魅力带。一是保护传承大运河文化遗产，共建大运河文化带。联动上游的枣庄与下游的新沂、宿迁，共建大运河文化展示中心；以大运河沿线的楚汉文化遗址、乡村水乡田园与城市运河风光为核心特色，建设中运河段独具特色的大运河国家文化公园和综合性运河旅游节点。二是共保南水北调东线生态廊道。以保障南水北调东线水质为目标，协同区域实施清水廊道、用水保障、水质改善三大工程。依托大运河建设贯通性的区域生态廊道，实现邳州与区域生态斑块的有效连接。

积极融入长三角区域一体化发展。一是加强与长三角地区其他城市的深度合作。积极承接长三角高端机械制造、生物医药、电子信息、环保建材等产业转移；通过园区共建、教育联盟等方式，加强与区域中心城市的科技创新合作；加强对长三角的农产品保障供应，建设绿色农产品保障基地。二是融入南北交通大通道。规划徐临高速，增加邳州与京沪高速连接通道；规划疏港公路，向南连接淮徐高速出入口；规划淮徐高速连接线，向南连通S505接入淮徐高速出入口。

全面融入淮海经济区，全方位承接徐州辐射带动。一是产业承接，建设重要的徐工高端零部件生产基地。以八义集镇、碾庄镇、土山镇为重点，积极承接徐州机械、化工、新材料、电子信息等产业的转移。二是创新协同，建设淮海经济区重要的农业创新中心，制造业技术创新、中试及成果转化基地，低成本创业基地。立足特色农业及制造业细分领域优势，加强与徐州高新区、徐州农业科技园在现代农业、食品加工、医药、工程机械等产业领域的技术合作。三是服务共享，助力邳州全面提升公共服务水平。引进高等教育资源或科研机构在邳州创办分校、分院、研究中心、对口实践基地等，吸引优质医疗机构在邳创办分院、组建专科联盟、进行远程医疗协作或对口支援等。四是文旅融合，建设徐州重要的生态休闲度假基地。通过G311、G310、S344等旅游公路贯通、旅游线路共建、旅游产品共同开发等方式，带动邳州全域旅游发展。

加强与其他淮海经济区重要城市的协同发展。一是加强与睢宁的协同发展。共建岠山绿色生态屏障；加强旅游合作，联合岠山风景区、土山古镇、睢宁下邳古城旅游区，共建区域三国文化旅游区。二是加强与新沂的协同发展。在板材、化工、医药三个共性优势产业方面共建产业联盟、研发平台，在交通物流方面加强信息资源共享；加强与新沂窑湾古镇等的旅游合作。三是积极承接宿迁的辐射带动。加强与宿迁在农副产品加工、食品、医药、工程机械等方面的产业及技术合作。四是加强与临沂的交通联系和商贸物流合作。利用临沂作为北方商贸中心及拥有覆盖全国的商贸网络优势，助力邳州构建特色产品全国、全球销售渠道。加强邳州铁富镇与临沂郯城县的联动发展，基于沂河廊道加强生态共建与旅游合作。五是加强与枣庄的协同发展。加强与微山湖旅游景区、台儿庄古镇之间的旅游交通联系，共同打造大运河文化游线；加快京杭大运河等的跨区域综合治理。

共建黄河故道生态富民廊道。与徐州、宿迁、淮安、盐城等市共建黄河故道生态富民廊道。统筹推进流域水生态修复与岸线整治，控制污染物排放，确保水质与水环境安全。统筹流域防洪工程，完善河道、水库、蓄滞洪区等工程与非工程防洪防涝防灾体系。协同建立黄河淮河文化遗存保护体系，共同打造黄河故道文化旅游名片。

积极对接省内省外相关合作机制。一是积极对接相关区域协同发展机制。对接"一带一路"、大运河文化带建设、长三角区域一体化发展、淮海经济区协同发展等国家、江苏省及徐州市层面的区域合作机制。二是推动建立与周边城市的合作发展机制。积极推动与新沂、睢宁、台儿庄等周边城市在重点合作领域建立协同发展机制。

4.3 全域统筹，优化国土空间格局

4.3.1 国土空间总体格局

（1）国土空间总体格局："一廊、一环、一核、两轴、六片"

落实主体功能区划定要求，统筹生态、农业、城镇等各类空间格局中的结构性要素，平衡保护和发展关系，优化邳州国土空间保护开发总体格局（图 4-1）。

"一廊"：打造集"生态、文化、旅游、航运"于一体的京杭大运河生态文化走廊。京杭大运河生态文化走廊既是具有保护生物多样性、涵养水源、调控洪水等功能的大尺度连续线性生态空间，也是历史记忆与现代生活交融的活态文化遗产。在持续发挥南水北调和航运功能的基础上，要重点挖掘大运河沿岸水乡田园、楚汉文化等特色，带动大运河两岸文旅融合和乡村振兴。

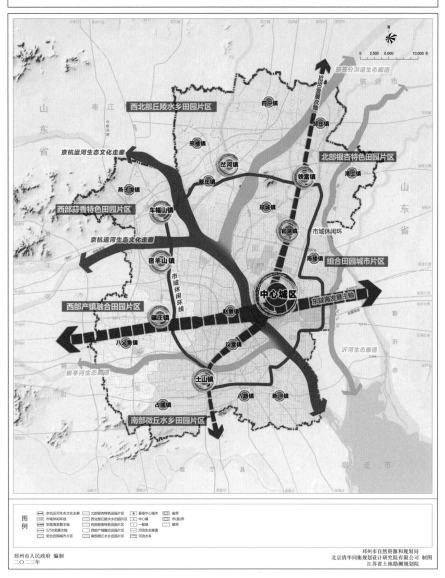

图 4-1　市域国土空间总体格局规划图

　　"一环"：建设"最美"市域休闲环。通过市域主要道路串联银杏时光、岠峰独秀、八路花海、黄草山林、四辣农田、祈福禹王、祈祥艾山、古栗传说等特色资源及景观节点，构建全域休闲体验空间网络，打造全域精品旅游环线，也是最美乡村风景道。

　　"一核"：以邳州中心城区为核心，带动全域发展。进一步提升中心城区的综合承载能力和区域服务能力，加快产业集聚和公共服务建设，完善创新与产业空间布局，打造邳州市域政治、经济、文化中心。

"两轴"：以"十字"轴带为主体，促进国土空间集聚开发。东陇海发展主轴上集聚了中心城区、赵墩镇、碾庄镇和八义集镇，向西对接徐州市辖区、向东对接新沂市和连云港市，是邳州产业与城镇集聚发展、对外开放连通的核心区域。S250发展次轴上集聚了邳州中心城区、官湖镇、铁富镇、议堂镇、土山镇等城镇，向北对接临沂、向南对接睢宁县和宿迁市，与东陇海主轴共同构成邳州的"十"字形发展轴线。

"六片"：引导六个水乡田园片区的特色化发展。由中心城区、官湖镇、陈楼镇、赵墩镇、议堂镇共同构成组合田园城市片区，重点承担市域综合服务与主要创新职能，也是市域产业和城镇人口的核心承载区。外围五个水乡田园片区包括北部银杏特色田园片区、西北部丘陵水乡田园片区、西部蒜香特色田园片区、西部产镇融合田园片区和南部微丘水乡田园片区，是自然生态本底、农业发展、一二三产融合、产业集群、城镇化动力模式各具特色的城乡融合发展片区。

（2）农业空间格局："四区多基地"

推动优势农业空间集中连片，建设银杏、大蒜等多个特色农业基地。形成东部银杏特色产业区、北部蔬菜粮食种植区、西部大蒜特色产业区和南部蔬菜苔干特色农业区四个特色农业片区。持续壮大银杏、大蒜、木业、花卉四大特色农业基地，加快建设优质稻米、外延蔬菜、优质果品、健康养殖、邳州炒货加工、休闲创意农业六大特色农业基地（图4-2）。

（3）生态空间格局："一轴五区、四廊多点"

构建以京杭大运河不牢河段和中运河段等河网为基本生态骨架，以重要林地、湿地等生态斑块为支点的生态安全格局（图4-3）。"一轴"即京杭大运河生态轴，"五区"包括北部石膏矿生态修复区、北部沂武河生态保护区、运西平原农业发展生态协调区、运东城镇发展生态协调区、南部房亭河生态控制区。"四廊"为以沂河、房亭河、邳苍分洪道、城河为主体构成的水系生态廊道。"多点"包括艾山地方级风景名胜区、江苏徐州邳州古栗地方级森林公园、江苏徐州邳州黄墩湖地方级湿地公园、江苏徐州邳州石地方级地质公园等生态节点。

（4）城镇空间格局："六大城镇组群、两大城镇发展轴线"

强化中心集聚，建设特色鲜明、功能完备的城镇组群（图4-4）。以中心城区为核心，联动官湖镇、议堂镇、赵墩镇、陈楼镇、邳城镇，形成组合城市型城镇集群，实现功能融合、创新协同、产业协作、基础设施统筹与公共服务资源共享。以铁富镇为核心，联动港上镇、

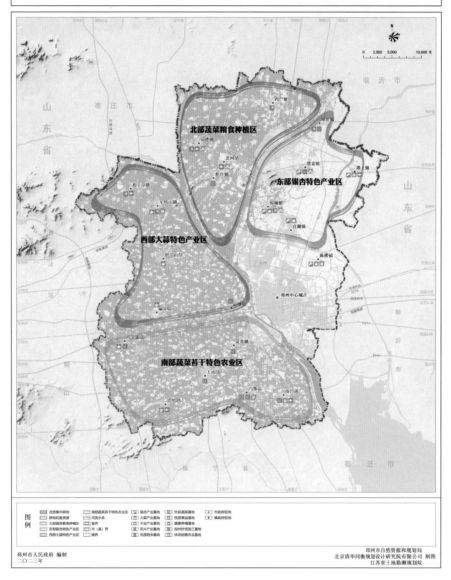

邳州市国土空间总体规划（2021-2035年）

市域农业空间规划图　09

图4-2　市域农业空间规划图

邹庄镇、四户镇，形成银杏特色城镇集群。推动岔河镇、戴庄镇、邢楼镇联动，形成电子产业特色城镇集群。推动宿羊山镇、车辐山镇、燕子埠镇联动，形成大蒜特色城镇集群。推动碾庄镇、八义集镇联动，形成五金机械加工特色城镇集群。推动土山镇、八路镇、新河镇、占城镇联动，形成文化与生态旅游特色城镇集群。

图 4-3　市域生态系统保护规划图

对接区域横纵通道，形成外联内聚的城镇十字发展轴线。沿陇海铁路、徐连客专、连霍高速、G311形成重点城镇发展主轴，贯穿中心城区和赵墩镇、碾庄镇等，带动邳州西部地区发展。沿S250形成重点城镇发展次轴，贯穿中心城区和官湖镇、铁富镇等，联系并带动邳州南部和北部区域发展，是邳州城镇发展的密集地带。

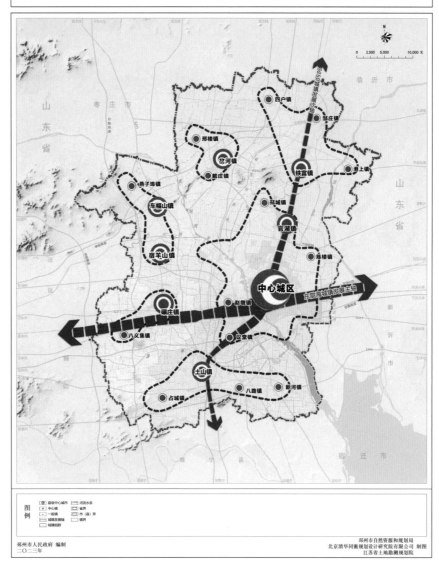

图 4-4　市域城镇体系规划图

4.3.2　"三区三线"划定与管控

（1）严格保护耕地和永久基本农田

落实并细化徐州市国土空间规划确定的邳州市耕地和永久基本农田保护目标任务。在落实耕地保护目标基础上，按照"面积不减少、质量有提高、布局总体稳定"的原则，立足于粮食以及重要农产品供给安全，划定永久基本农田（图 4-5）。

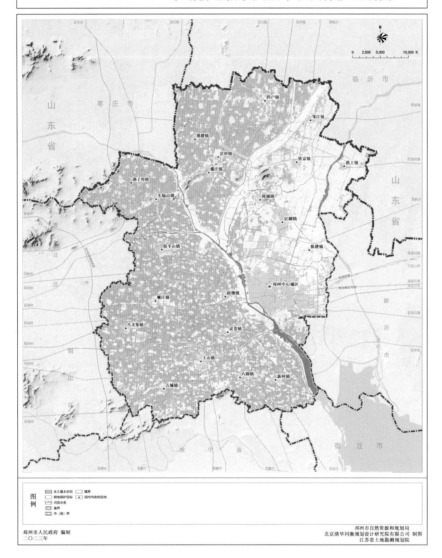

图 4-5　市域耕地和永久基本农田保护红线图

全面实施耕地数量、质量、生态"三位一体"保护，强化永久基本农田管理和保护，任何单位和个人都不得擅自占用或者改变用途。坚决防止永久基本农田"非农化"。符合法定条件的确需占用和改变永久基本农田用途的，严格按法定程序办理。

（2）科学划定并严格保护生态保护红线

从严划定生态保护红线（图4-6）。按照"保护优先、应划尽划、协调冲突"的原则，将

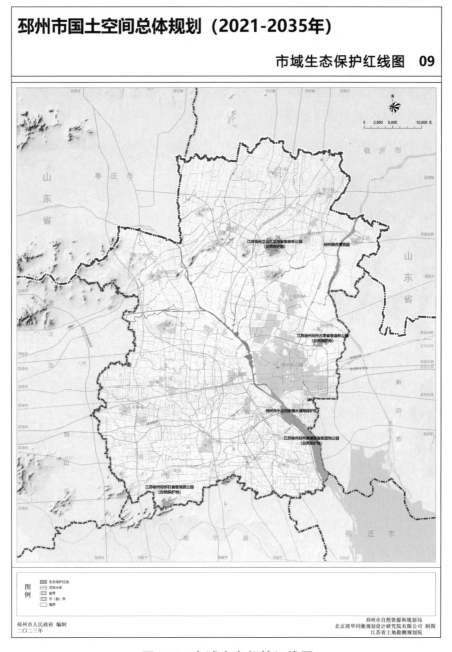

图 4-6 市域生态保护红线图

邳州市域范围内生态功能极重要、生态环境极敏感脆弱区域以及其他具有重要生态功能、潜在重要生态价值、有必要实施严格保护的区域划入生态保护红线。全市生态保护红线包括6处，包括江苏徐州邳州古栗省级森林公园、邳州银杏博览园、江苏徐州艾山九龙沟省级森林公园、江苏徐州邳州黄墩湖省级湿地公园、江苏徐州邳州石省级地质公园、邳州市中运河张楼水源地保护区。

加强生态保护红线管控。生态保护红线内自然保护地核心区原则上禁止人为活动，其他区域禁止开发性、生产性建设活动，在符合法律法规的前提下，仅允许对生态功能不造成破坏的有限人为活动（参照法律法规和国家文件规定执行）。确需占用生态红线的重大项目，按规定由自然资源部进行用地用海预审后，报国务院批准。报批农用地转用、土地征收、海域使用权时，附省级人民政府基于国土空间规划"一张图"和用途管制要求出具的不可避让论证意见，说明占用生态保护红线的必要性、节约集约和减缓生态环境影响措施。

（3）合理划定并严格控制城镇开发边界

划定城镇开发边界（图4-7）。充分尊重山水林田湖自然地理格局，避让生态保护红线、自然保护地、永久基本农田等资源环境底线，避让地质灾害极高和高风险区、蓄滞洪区、地震断裂带、石膏矿采空塌陷区等灾害风险因素，统筹农业、生态、城镇空间布局，推动城镇紧凑发展和节约集约用地。城镇开发边界包括中心城区、镇区、产业园区等未来城镇集中连片建设区域。

加强城镇开发边界管控。城镇开发边界原则上不得调整，因国家和省级重大战略调整、重大项目建设、行政区划调整等确需调整的，依法依规按程序进行。调整内容要及时纳入邳州市国土空间规划"一张图"实施监督信息系统。在城镇开发边界内的建设，实行"详细规划＋规划许可"的管制方式，并加强与蓝线、绿线、黄线等控制线的协同管控。城镇开发边界外不得进行城镇集中建设，不得设立各类开发区，仅允许重大交通基础设施及其他线性工程，军事及安全保密、宗教、殡葬、综合防灾减灾、战略储备等特殊建设项目，郊野公园、风景游览设施的配套服务设施，直接为乡村振兴战略服务的建设项目，以及其他必要的服务设施和城镇民生保障项目。城镇开发边界外的村庄建设、独立选址的点状和线性工程项目，应符合有关国土空间规划和用途管制要求。

4.3.3 乡镇级主体功能区细化

落实农产品主产区布局（图4-8）。与耕地和永久基本农田集中分布相匹配，将保障农产品生产和供给安全的重要区域划入农产品主产区，主要包括赵墩镇、议堂镇、四户镇、邹庄镇、占城镇、八路镇、燕子埠镇、陈楼镇、邢楼镇、戴庄镇、港上镇、邳城镇、新河镇13个镇，面积1 043.899 4平方千米，占全市总面积的50.07%。农产品主产区实行农业发展优先的绩效考核评价，强化对农产品保障能力的考核评价，弱化对工业化、城镇化相关经济指标的考核评价。农产品主产区按照保障基本、安全发展的原则，优先保护耕地土壤环境及农村

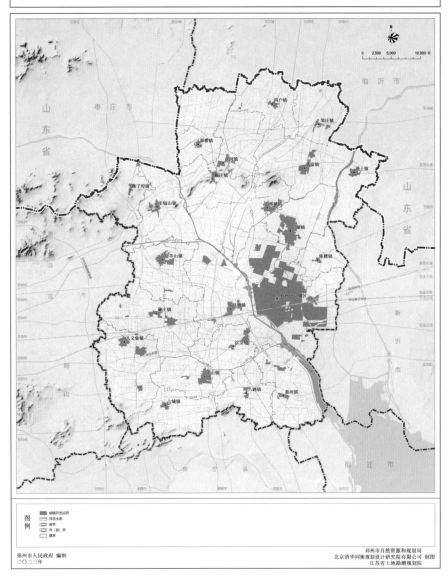

图 4-7　市域城镇开发边界图

用水安全，保障农产品主产区的环境安全，改善农村人居环境，严格控制重金属类污染物和
有毒物质。

　　优化城市化地区布局（图 4-8）。与城镇空间布局和城镇体系相匹配，将现状建成区、人
口和经济密集度较高的区域、城市新增建设用地扩张的重要空间等划入城市化地区，主要包
括东湖街道、运河街道、戴圩街道、炮车街道 4 个街道和官湖镇、铁富镇、碾庄镇、土山镇、

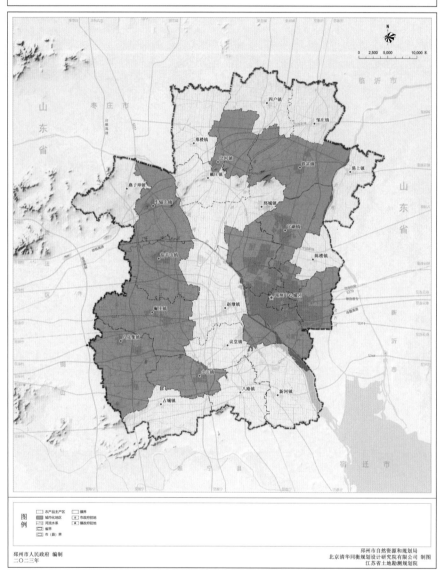

图 4-8　乡级行政区主体功能定位分布图

宿羊山镇、岔河镇、车辐山镇、八义集镇 8 个镇，面积 1 040.798 8 平方千米，占全市总面积的 49.93%。城市化地区要合理安排建设空间、优化空间布局功能、推动产业转型升级、提升公共基础设施水平、保护历史文化与旅游观光资源、持续改善人居环境，成为承载高强度、多功能国土开发的战略空间与增长极。

4.3.4 加强国土空间规划分区与管控

落实上位国土空间规划要求,综合考虑人口分布、经济布局、国土利用、生态环境保护等因素,按照以国土空间的保护与保留、开发与利用两大功能属性为基础,遵循全域全覆盖、不交叉、不重叠的基本原则,将邳州全市域划分为生态保护红线区、生态控制区、永久基本农田保护区、城镇发展区和乡村发展区(图4-9)。

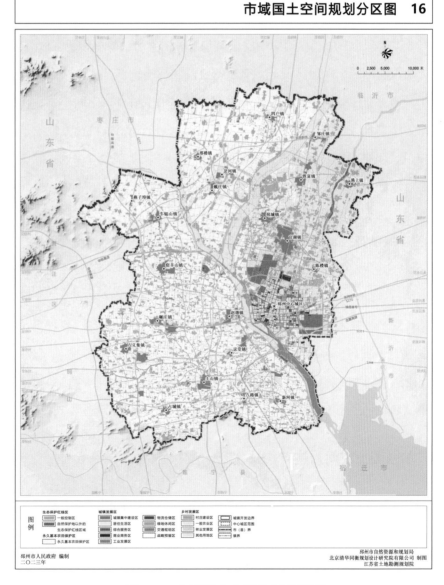

图 4-9 市域国土空间规划分区图

生态保护红线区。包括自然保护地和自然保护地以外的生态保护红线区域。按照生态保护红线的相关要求管控，建立严格的准入机制，禁止不符合主体功能定位的开发活动，已有开发建设行为需要逐步引导退出。

生态控制区。包括生态保护红线外，需要予以保留原貌、强化生态保育和生态建设、限制开发建设的陆地自然区域。原则上不得开展有损主导生态功能的开发建设活动。

永久基本农田保护区。为永久基本农田相对集中需严格保护的区域。按照国家、江苏省永久基本农田保护的相关要求进行管控，区内从严管控非农建设占用永久基本农田，鼓励开展高标准农田建设和土地整治，提高永久基本农田质量。

城镇发展区。为城镇开发边界围合的范围，按照城镇集中建设区、城镇弹性发展区和特别用途区进行分类管理。其中，城镇集中建设区包括居住生活区、综合服务区、商业商务区、工业发展区、物流仓储区、绿地休闲区、交通枢纽区和战略预留区。城镇发展区内需强化用地的集约利用，通过指标管控、设计管控等方式，形成尺度适宜、空间丰富、功能多元的城镇区域。城镇集中建设区根据"详细规划＋规划许可"进行管控；城镇弹性发展区未调整为城镇集中建设区，不得编制详细规划；特别用途区采用"详细规划＋规划许可"进行管控，同时明确可准入项目类型。

乡村发展区。为永久基本农田保护区外，为满足农林牧渔等农业发展以及农民集中生活和生产配套为主的区域，二级分区包括村庄建设区、一般农业区、林业发展区、其他用地区和其他建设区。以促进农业和乡村特色产业发展、改善农民生产生活条件为导向，依据具体土地用途类型进行管理，统筹协调村庄建设和生态保护，有效保证农业生产、居民生活。区内严禁集中连片的城镇开发建设，允许交通市政设施、农村民生项目、乡村特色产业项目等在符合规划的前提下布局。乡村发展区需编制村庄规划，作为开展国土空间开发保护活动、实施国土空间用途管制、核发乡村建设项目规划许可、进行各项建设等的法定依据；采用"详细规划（村庄规划）＋规划许可"和"约束指标＋分区准入"相结合的方式细化管理规定。

4.3.5　加强国土空间用途结构优化

加强基础性生态用地保护，严格落实生态空间保护区域的管控要求。严格落实生态保护红线区和生态控制区的相关保护与管控要求。应严格按照省政府相关管控要求，做好生态空间管控区域监督、管理和优化调整工作。加强林地、水域、湿地等重要生态用地保护，拓展绿色空间和水源涵养区。科学开展国土绿化，增强生态系统功能和生态产品供给能力。因地制宜调整各类用地布局，保护中心城区范围内的绿地、耕地等资源，合理增加道路绿化、沿河护岸林等城乡生态空间。

严格保障农业用地空间，促进优质耕地数量质量双提升。严格控制建设占用农业空间，全面落实耕地和永久基本农田保护任务，在维持自然连通性的前提下，优先将水田、水浇地划入永久基本农田。保护林业发展区，适度开发商品林。加强中低产耕地、园地、林地等的整治修复，提高耕地质量，适度提升一般农地区。合理引导农业内部结构调整，充分发挥农业用地的生态、景观和间隔功能，促进生态空间与农业空间有机融合。

统筹城乡建设用地，提升城镇空间品质，保障乡村振兴发展需求。以"控总量、减增量、优存量、活流量、提质量"为原则，优化城乡建设用地内部结构，适度增加城镇建设用地规模。积极保障城镇发展区的用地需求，稳定工业与物流仓储等产业空间，补齐民生设施短板，满足居民休闲游憩需求，综合提升城市空间品质。加快村庄用地布局统一规划，加大城乡建设用地增减挂钩实施力度，提升乡村用地节约集约利用水平。保障乡村振兴的建设用地、农业基础设施用地、农业设施用地等村庄建设区的用地需求，保障高标准农田工程建设用地需求，确保灌溉及排水设施、田间道路等配套工程设施建设用地需要，保障农产品加工、休闲农业等三产融合用地需求。加强土壤污染风险管控，严格建设用地准入管理，进入用地程序的地块应符合相应规划用地土壤环境要求。

适度调整其他用地区结构。在不破坏土地生态环境的前提下，引导非农建设合理利用其他用地，通过土地整理复垦等工程措施，适度减少草地、其他土地等用地面积，提高土地利用率。

4.4 生态优先，守住苏北水乡田园

4.4.1 资源要素总体格局

砚台微丘，水网纵横，田园基底，林地点缀。邳州市域内有艾山、岠山、黄草山等大小山头若干，主要分布在西北和西南。市域内水网密集，沂河、中运河、邳苍分洪道三条流域性河道纵贯南北，境内共有干支河流40余条，沟、河、湖、库纵横交错。田与林交相辉映，林地集中分布于市域东北部，耕地集中分布于市域西部和南部。按照"整体保护、系统保护、综合保护"的原则，锚固"一水一林五分田"的市域资源要素保护与利用总体格局，统筹山体和森林资源、河湖水域资源、湿地资源、耕地资源、矿产资源等各类资源的保护和利用，确保规划期末自然资源总量保持稳定、质量进一步提升、生物多样性和生态价值持续增强。

4.4.2　资源要素保护与利用

（1）以水定城，以水定发展，保护纵横交错的水网格局，协调水城关系

实行最严格的水资源管理制度，严守水资源"三条红线"控制指标。实施水资源总量和强度双控，加强水资源供给保障和饮用水水源地保护，强化节水型社会建设；严格落实河流湖库蓝线管控要求，优化改善河湖功能、景观与生态环境，形成"河畅、水清、岸绿、景美、安全"的水网体系。

一是加强水资源保障管控。以南水北调东线为主体，加强中运河（邳州市）清水通道维护区、京杭大运河（邳州市）清水通道维护区、房亭河（邳州市）清水通道维护区、徐洪河（邳州市）清水通道维护区的保护与管控，严格落实清水维护通道的相关管控要求。配合推进南水北调后续工程规划和建设，结合区域治理、灌区提档升级，开展区域输水河道疏浚整治，完善区域供配水网络。加强京杭大运河等重要水体及水质良好湖库的保护，优化饮用水水源地布局，深入开展邳州市中运河张楼饮用水源保护区的规范化管理，严禁在保护区内建设各类违法违规项目。加强饮用水源地补水通道水质保护，分析研究银杏湖作为应急水源的可行性，加快应急备用水源建设，提升饮用水安全保障能力。开展地下水资源保护，继续实施南水北调东线一期工程徐州受水区地下水压采工程。落实封存备用地下水源井管理和保护，严格地下水开采管理。加强水源地保护区规范化管理，加强水源自动监控能力建设，实时掌握水源水质。统筹推进城乡区域供水和农村饮用水安全工程。强化节水型社会建设，推广节水工程。

二是加强全域水网的保护。维护市域水系格局，形成流域性河道、区域性骨干河道、重要跨市河道和重要市域河道等主要水网体系。延续市域平直交错的水网类型特色，增加各级河道的连通性，完善京杭大运河不牢河段和中运河段、邳苍分洪道、沂河、房亭河、徐洪河、西泇河、不牢河、引线河和黄泥沟等结构性水网体系。按照"水域面积不减少，水域功能不衰退"的要求，加强水域管理和占补平衡。加强河湖岸线资源保护和用途管制，建立范围明确、权责清晰、责任落实的河湖管理保护责任机制，推进河湖岸线资源节约集约利用，开展河湖岸线综合治理和保护，推动幸福河湖建设。重点营造山湖连绵水网片、银杏林地水网片、黄墩湖圩田片和现代水城片等四大特色水网片区。在满足防汛、排涝、通航等功能前提下，加强驳岸的生态化建设。

三是加强湿地保护与管控。对湿地保护、利用、权属、生态状况及功能等进行实地调查与评价分析，建立邳州市湿地资源动态监测系统。重点推进黄墩湖湿地自然保护区的保护与建设，持续开展湿地公园、湿地保护小区建设。以大运河两岸、黄墩湖等重要湿地区域为重点，

持续开展对保存较好自然湿地的抢救性保护与退化湿地的生态修复治理。规范湿地开发利用行为，大运河两岸沿河内侧应当禁止滩涂开发，限制高强度的农渔业使用，对于已完成开发的区域，保留现状用途，但需要控制未来利用规模的持续扩张。逐步遏制湿地面积持续减少的不良趋势，维持湿地保有量不降低，重要及典型湿地区域得到基本保护与修复。

（2）严格落实耕地和永久基本农田保护目标，促进耕地质量提升

开展耕地数量、质量、生态"三位一体"保护，确保耕地数量不减少、质量不降低。加强高标准农田建设和改造，提升农田综合生产能力。

一是稳定耕地数量。实行最严格的耕地保护制度，坚决制止耕地"非农化"、防止"非粮化"，严格控制非农建设占用耕地、严格管控一般耕地转为其他农用地，规范落实耕地占补平衡、耕地进出平衡制度，确保实有耕地数量基本稳定。积极拓宽补充耕地途径，稳妥有序推进耕地恢复和永久基本农田储备区建设，确保优质耕地数量稳步增加。对"三区三线"划定的耕地和永久基本农田进行核实，按照"总体稳定、局部处置"的原则，落实恢复整改和调整补划任务，确保耕地和永久基本农田数量不减少、质量不降低。

二是提升耕地质量。进一步加强耕地质量调查评价与监测工作，完善耕地质量等级"定期全面评价、年度更新评价、年度监测评价"的工作制度。推进农用地整治，合理引导种植业内部结构调整，积极开展零散耕地整合归并、提质改造，推进优质耕地集中连片保护。统筹推进高标准农田建设，实行"田、土、水、路、林、电、技、管"综合配套，建设与现代都市农业生产经营相适应的高标准农田，提高耕地质量等级和综合生产能力。进行耕地提质改造等工程，推行保护性耕作，恢复提升耕地地力，优先对劣质、中低等别及退化耕地开展提质改造。落实耕地保护责任机制，确保补充耕地的质量不低于占用耕地的质量。

三是保护耕地生态功能。维持耕地生态平衡，使耕地的生态环境保持良好的状态，增强农田生态系统的抗逆性和缓冲性，提升系统生态功能和景观功能。积极开展耕地土壤环境质量详查，推进耕地土壤安全利用、严格管控、治理与修复，引导农田生态基础设施建设，加大农业科技投入，减少化肥农药使用量，防治农业面源污染，改善耕地生态环境，提升耕地生态功能，保护耕地系统的生物多样性。

四是全面落实永久基本农田特殊保护。严守永久基本农田保护红线，严格规范永久基本农田上农业生产活动。坚持"特殊保护、稳定布局、优进劣出、提升质量"的原则，严格落实永久基本农田的管控要求，完善保护措施，提高监管水平，构建保护有力、集约高效、监管严格的永久基本农田特殊保护新格局。有序规范引导永久基本农田上农业生产活动，永久

基本农田现状种植粮食作物的，继续保持不变，确保粮食种植规模基本稳定，确保耕地耕作层不被破坏。永久基本农田不得转为林地、草地、园地等其他农用地及农业设施建设用地。严禁占用永久基本农田发展林果业和挖塘养鱼；严禁占用永久基本农田种植苗木、草皮等用于绿化装饰以及其他破坏耕作层的植物；严禁占用永久基本农田挖湖造景、建设绿化带；严禁新增占用永久基本农田建设畜禽养殖设施、水产养殖设施和破坏耕作层的种植业设施。

五是严控建设占用永久基本农田，确保永久基本农田数量不减少。已划定的永久基本农田，任何单位和个人不得擅自占用或者改变用途。在全市耕地后备资源紧约束的背景下，从严核定新增建设用地规模，优化建设用地布局，从严控制建设占用永久基本农田，非农业建设不得"未批先建"。能源、交通、水利、军事设施等重大建设项目选址确实难以避让永久基本农田的，经依法批准，应在落实耕地占补平衡的基础上，按照数量不减、质量不降原则，在可以长期稳定利用的耕地上落实永久基本农田补划任务。

六是加强永久基本农田建设，提高农田综合生产能力。科学合理规划，加强永久基本农田内的耕地质量建设，加强资金整合，创新建设模式，提倡和鼓励农业生产者对其经营的永久基本农田施用有机肥料，合理施用化肥和农药，保持和培肥地力。采取土壤改良等综合措施，改善永久基本农田生产条件，提高耕地质量。通过深耕深松、保护性耕作等技术，加深农田耕作层，消减土壤障碍因子，提高养分水分保蓄能力。建成后的高标准农田，及时划入永久基本农田，实施特殊保护。涉及土地征收成片开发等非农建设占用高标准农田的，按现行建设标准进行补建。

（3）严格实行林地用途管制，全面加强森林资源的保护和合理利用

加强艾山、岠山、黄草山等山体资源的保护与管控，完善大运河、沂河河道两侧防护林建设；加强古栗园、银杏园等特色林木资源的保护；通过严格实行林地用途管制、积极补充林地、提升森林质量等措施，确保林地保有量指标不低于上级下达的指标。

一是加强林地保护，制定林地用途管制制度体系。严格执行《中华人民共和国森林法（2019修订）》等法律法规要求，严格落实林地占补平衡程序，严控林地征占用定额管理制度，规划期内林地征占用总额控制在徐州市下达指标以内。落实商品林区域林木、林地有偿使用制度，严禁非法占用林地，严格控制林地转为其他农用地。开展古树名木保护和复壮规划，并将70年以上或胸径80厘米以上的古树名木后备资源列入保护范围。

二是加强生态公益林的建设、保护和管理。生态公益林应根据《国家级公益林管理办法》（林资发〔2013〕71号）和《江苏省生态公益林条例》，严格控制勘查、开采矿藏和工程建设

使用省级以上公益林地。生态公益林地内禁止建设污染严重的工业性项目，一级国家级公益林内，不得开展任何形式的生产经营活动。对于国家公益林范围内现状建设用地，应逐步引导退出，并积极开展生态修复，复垦为林地、草地。

三是科学推进造林绿化。充分利用宜林荒山荒地荒滩、废弃地、边角地、盐碱地、沿边隙地以及城镇未利用地等开展造林绿化（图4-10），广泛开展村旁、宅旁、路旁、水旁和房前屋后绿化，采用规划建绿、见缝插绿、拆违种绿、立体植绿、留白增绿等方式，因地制宜、扎实有效推进国土绿化。重点推进农田林网建设工程、交通干线沿线绿化工程、河道干线沿

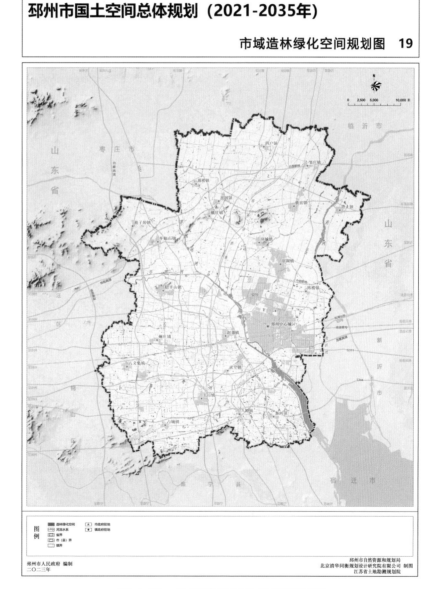

图 4-10 市域造林绿化空间规划图

线绿化工程、经济林建设工程、生态林改造工程和村庄绿化建设工程等六项林业建设工程。

四是深化林业产业提升。通过实施杨树板材、银杏特色经济林果及综合利用、林木种苗、森林与湿地生态旅游等林业工程建设，加快杨树板材产业升级，加速林木种苗市场信息化建设，提高银杏等经济林产品加工及综合利用水平，因地制宜发展林产品精深加工，进一步发展森林湿地旅游。

（4）建立自然保护地体系，强化自然保护地管控

建立由4处自然公园构成的自然保护地体系。整合优化后，邳州市共有自然保护地4处（图4-11），包括艾山地方级风景名胜区、江苏徐州邳州古栗地方级森林公园、江苏徐州邳州

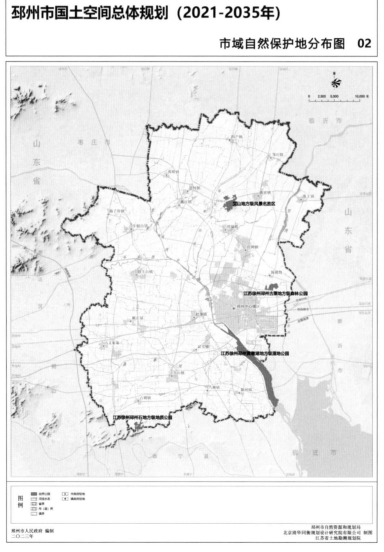

图 4-11　市域自然保护地分布图

黄墩湖地方级湿地公园、江苏徐州邳州石地方级地质公园。

强化自然保护地管控。按照生态优先、绿色发展的要求，依法依规编制各类自然保护地规划，并严格落实相关管控要求。自然保护地范围内的建设活动应严格遵守《风景名胜区条例》等自然保护地法律法规规定。强化自然保护地监测、评估、考核、执法、监督等，形成一整套体系完善、监管有力的监督管理制度。

（5）加强矿产资源保护与管控，形成绿色、高效的资源安全保障体系

以保护为主，开发利用为辅，科学划定矿产资源开发利用分区。开展大中型矿山整合和绿色矿山建设，提升矿产资源集约节约利用水平和矿业绿色发展质量水平。

4.4.3　生态修复与国土综合整治

（1）以生态系统完整性为目标，统筹山水林田湖草系统修复

强化京杭大运河不牢河段和中运河段生态系统保护，开展沂河、房亭河、邳苍分洪道和城河等水系生态廊道修复，加强北部石膏矿生态修复区的石膏矿采矿塌陷地复垦整治和绿色矿山建设，开展北部沂武河生态保护区的水土流失综合治理和自然保护地建设，持续开展运西平原农业发展生态协调区的农田林网建设和乡村绿化，加强运东城镇发展生态协调区的城镇绿地和湿地系统建设，开展河道综合治理，开展南部房亭河生态控制区水土流失综合治理，加强滞洪区的安全建设。全市生态修复要落实全省自然生态保护修复行为负面清单，规范自然生态保护修复行为，保持生态系统的原真性和完整性。

湿地生态修复。以黄墩湖和大运河两岸中央湿地区域为重点，积极开展湿地生态修复。坚持自然恢复为主、人工修复为辅，支持退养还滩、退耕还湿，逐步修复已经被破坏的湿地生态系统。重点推进黄墩湖湿地物种保护保育、大运河沿岸小微湿地水系疏通等湿地修复项目，加强野生动物保护，恢复野生动物栖息地，增加水生植物种植。结合城镇生态空间建设和农村生态环境治理，积极开展小微湿地建设。

山体和林地生态修复。对艾山、黄草山等山体中地质灾害频发及存在较大安全隐患的区域进行工程治理。积极开展地质灾害防治工程，消除山体崩塌、滑坡、碎石跌落等灾害与安全隐患，以坡面绿化等措施为辅助，恢复山体森林资源。开展丘陵地区和重点生态廊道修复，增加森林碳汇。持续新建、更新完善农田林网，加大森林抚育改造、山林林相改造，实施艾山、

禹王山、望母山、岠山、黄草山等山区林地补植补造，丰富树种、优化林分结构，全面提升丘陵山区低效林森林质量。开展京杭大运河、分洪道和沂河等沿线风景林带、森林质量提升。开展村庄绿化建设工程，提高乡村绿化率。

矿山生态修复。划分两类矿山地质环境治理区，系统推进矿山地质环境恢复和综合治理。2035年，全面完成历史遗留矿山生态修复，矿山地质环境治理率达到100%。扎实推进邳北石膏矿采空区综合治理。到2025年，完成采空区内村庄搬迁避让。重要工程设施尽可能避让采空塌陷区，确实无法避让的要严格项目审批、审查，必须采取工程技术措施保障项目安全。新建工程项目需进行地质灾害危险性评估、采空区场地稳定性和工程建设适宜性评价，并采取相应防治工程措施。研究探索适合石膏矿采空塌陷区的修复模式，为邳州石膏矿综合治理提供基础科学支撑。

水生态保护修复。全面加强水污染防治、水环境治理和水生态修复。全面推进生态河湖状况评价工作，将沂河、房亭河、三沟河和运女河等重要河道列入生态河湖状况评价范围。协同推进水资源、水环境、水生态保护，深入开展各类水污染防治和黑臭水体整治，加强河湖生态保护与修复，合理沟通水系，推动生态美丽河湖建设，营造"河畅、水清、堤固、岸绿、景美"的水生态环境。

土壤生态修复。加强土壤污染防治和治理修复。动态更新土壤污染重点监管单位名录，强化重点企业监管。严格落实风险管控和修复，列入建设用地土壤污染风险管控和修复名录的地块，不得作为住宅、公共管理与公共服务用地。以重点行业企业搬迁改造遗留地块为重点，加强腾退土地污染风险管控和治理修复。通过农艺调控、替代种植、种植结构调整或退耕还林还草，以及划定特定农产品禁止生产区域等措施，保障耕地安全利用。以影响农产品质量和人居环境安全的突出土壤污染问题为重点，制订全市土壤污染治理与修复规划，明确重点任务、责任单位和分年度实施计划，建立项目库。

（2）多目标定位、多模式实施，推进全域国土空间综合整治

农用地综合整治。一是落实耕地占补平衡。严格执行"以补定占、先补后占"的规定，引导建设不占或少占耕地。严格执行耕地占补平衡政策规定，严格补充耕地项目验收，切实提高新补充耕地粮食产能。加快建立耕作层有效管理机制，按照"谁占用、谁剥离"的原则，切实将占用耕地单位剥离耕作层的法律义务落实到位。统筹做好耕作层剥离和再利用；积极推广耕地质量提升技术。二是推进高标准农田建设。通过田、水、路、林、村综合整治，建

成大面积的连片高标准农田，建设灌溉及排水设施、田间道路等配套工程设施。增加有效耕地面积，提高耕地质量，同时推进农业生产经营规模化、现代化。按照"渠道不变、各负其责、各记其功"的原则，对涉及高标准农田建设的相关专项进行整合，统筹安排农业综合开发、高标准基本农田等项目资金，积极探索各类涉农专项资金整合管理的有效途径。三是加强残次林地、园地整治。对于历史形成的未纳入耕地保护范围的园地、残次林地等适宜开发的农用地，依法依规，经县级人民政府组织可行性评估论证、省级自然资源主管部门组织复核认定后统筹纳入土地整治范围，新增耕地用于占补平衡。

构建绿色生态循环农业新模式。一是加快生态型高标准农田建设。主要针对土地平整、土壤改良、灌溉排水与节水设施、田间机耕道、农田防护与生态环境保持、农田输配电等内容建设。二是推进资源循环利用。补充农业排放和有机肥料的再利用，加强有机废物处理利用，通过堆肥和生物转化等方式，将有机排放转化为有机肥料，减少浪费，促进土壤健康。三是加强生态系统保护与恢复。保护农田周边的自然生态系统，维护生物多样性，合理划定保护区和农业用地，减少生态系统破坏，促进生态平衡。四是建设示范田和农村绿色发展示范区。吸引更多农民参与，同时通过媒体宣传，促使绿色生态循环农业的大力发展，实现农业的可持续发展，保护生态环境。

村庄建设用地综合整治。按照"适度超前、因地制宜、各具特色"的要求，逐步优化农村生产生活空间，引导农村居民点用地集聚式发展，促进农村居民点用地的集约高效利用。依据农村居民点用地整治潜力测算，科学评估潜力实现的难易程度，合理安排整治时序和整治规模，完善相关政策，逐步释放农村居民点用地的整治潜力。

城镇建设用地综合整治。一是存量建设用地更新。全面调查评价城镇存量建设用地，积极处置城镇闲置、空闲和批而未供土地，分析和制定盘活城镇存量建设用地的方案。鼓励企业利用存量建设用地，加强零星分散城镇建设用地清理、收购、归并和前期开发，提高土地利用率。按照"明晰产权、统筹规划、利益共享、规范运作"的要求，积极推进旧城镇、旧工矿和"城中村"改造，规范有序地推进低效城镇用地再开发。二是重点加强工业用地的改造提升。以"整合提升"为发展策略，加快整合老城区商贸商务、居住休闲等高度集中的核心区功能，促其进行"退二进三"或"退三进三"的产业结构调整，逐步将老城区范围内的工业用地搬迁至邳州经济开发区、邳州高新技术产业开发区布局，对原有工业用地进行生态修复，使之成为安全宜居的区域；促进老城区原有三产高端化升级，发挥老城区商贸商务、文化旅游、创意产业、医疗教育资源优势，提高公共服务设施水平和环境质量，形成具有开发潜力、充满活力的老城区核心。

详见图 4-12。

图 4-12　市域生态修复和综合整治规划图

4.5 创新驱动，构筑现代产业高地

4.5.1 打造先进制造产业基地

推动园区整合升级，建设两大省级重点产业平台和十个镇特色产业园区（图4-13）。以特色鲜明、集群效应明显、质量品牌高端为导向，引导产业向园区集中，推进镇工业园区资源整合，形成"两主三特六重一港"共12大制造业集中区。其中，邳州经济开发区、邳州高新技术产业开发区以产城融合为导向，重点突出科创驱动，壮大既有主导产业和战略性新兴产业，加快集聚高科技企业和高端人才，打造邳州先进制造业、高新技术产业和生产性服务业的集聚发展平台。官湖镇生态家居产业园、碾庄镇五金机械产业园、议堂镇环保电器产业园重点突出特色发展，加快转型升级步伐，扩大产业集群规模。铁富镇银杏特色产业园、宿羊山镇大蒜特色产业园、岔河镇电力设备产业园、土山镇徐工机械配套产业园、赵墩镇建材产业园和八义集镇智能制造产业园重点加快园区建设，推动集聚集约、提档升级。依托邳州新港建设临港产业园，加快现代物流、加工制造等临港产业的集聚。优化园区功能结构，完善就业圈和生活圈配套设施，促进产城融合、职住平衡。

图 4-13 邳州市产业园区布局规划图

划定工业用地控制线，强化工业布局管控，保障工业用地空间。按照"总量保底、组团集聚、分类定策"的原则划定工业用地控制线。以地块边界、道路中心线和自然地理实体边界为界，划定范围包括工业用地及其他必要功能用地，但工业用地控制线内工业用地及发展备用地应占工业用地控制线总面积的60%以上。对工业用地控制线内的现状工业用地进行保护，原则上不得调整为其他非工业用途；加快工业用地控制线外低效工业用地的整治提升，鼓励向工业用地控制线内迁移；鼓励工业用地控制线内非工业用地转化为工业用地；鼓励新增工业用地向工业用地控制线内集中，提高工业用地控制线外新增工业用地门槛。

4.5.2　建设现代商贸物流基地

构筑布局合理、功能完善、产业联动、高效通畅的现代商贸物流体系。以东陇海线多式联运通道的建设为契机，依托城北商贸物流核心区和邳州新港，布局官湖、碾庄、土山等物流节点，推动物流（物流园区与节点）、商贸（专业市场）、制造业（产业园区）三者之间的深度融合，全面嵌入长三角产业链供应链。围绕板材、银杏、大蒜等邳州特色优势产业，积极发展商贸新模式，改造提升官湖板材家具、宿羊山大蒜、铁富银杏、碾庄五金、城北宝石玉器等专业市场，建设辐射全国、面向全球的特色商贸物流平台。适应产业发展需求，以大蒜、板材两大国家外贸基地为龙头，拓展家具、银杏及大蒜制品、高新技术产品的外销市场，加快跨境电子商务、保税物流中心等建设，打造协同区域、面向全球的特色型开放经济平台。依托邳州大数据中心，培育壮大服务业新业态新模式。以邳州东站和邳州新港为核心，加快建设高铁商务中心、临港产业园，紧抓枢纽经济发展。

4.5.3　创建全域旅游示范区

打造生态文化旅游发展引擎，形成"一核、一带、双链、四片区"的旅游空间格局（图4-14）。围绕"银杏邳州·楚汉风韵·红色经典·诗意田园"旅游品牌，重点打造艾山风景区、银杏博览园、土山古镇等一批龙头景区，建设淮海经济区重要的新兴旅游目的地。从"景点旅游"向"全域旅游"转变，整合邳州自然生态资源、红色旅游资源以及历史文化资源，建设邳中都市休闲旅游片区、邳东银杏森林旅游片区、邳西楚汉文化旅游片区、邳南生态文化休闲片区，打造大运河生态文化旅游带，形成市域百里田园乡村风景链和中心城区城市文化休闲记忆链。优化旅游交通系统，完善旅游配套设施，重点建设中心城区旅游发展极核与旅游服务中心。

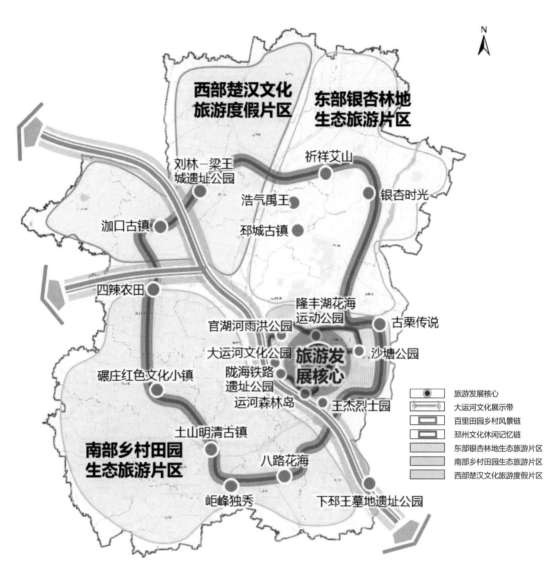

图 4-14　邳州市旅游空间规划图

4.5.4　争做产业科创县域示范

搭建多元创新创业平台，促进产业集群与创新集群的有机互动。加快国际教育、创新孵化、科技研发、商业商务等高端创新要素向东湖（后沙）创新生态区、邳州高新技术产业开发区、邳州经济开发区集聚，打造集知识创造、技术创新和新兴产业培育为一体的创新核心区。推进农业创新要素就近结合大蒜、银杏等院士工作站和特色农业片区布局，争取与徐州共建淮海经济区农业科技中心。大力培育科技服务超市、星创天地等农村创新创业载体。

4.5.5 建设现代农业强市

全面提升农业综合生产能力，建成全省领先、全国有影响的农业强市。坚守耕地红线不动摇，建立中强筋小麦、粳稻等优质粮食生产基地。以粮食生产功能区和重要农产品生产保护区为重点，夯实粮食生产能力基础。大力推进国家农业科技园区、国家农村产业融合发展示范区和国家现代农业产业园区建设。大力发展"一镇一特""一村一品"，开发特色化、多样化产品，延伸产业链条，着力提升农村一二三产融合发展水平，统筹保障乡村产业融合发展空间。

4.6 特色塑造，彰显运河名城魅力

4.6.1 加强历史文化保护

整合各类自然文化遗产空间保护要求，建立"大运河文化遗产、特色村镇（历史古镇和传统村落）、各级文物保护单位和尚未核定公布为文物保护单位的不可移动文物、历史建筑、古树名木、各类专项遗产（水利工程遗产、农业文化遗产、地名文化遗产等）、非物质文化遗产"构成的全域全要素历史文化保护体系，有效保护特色风貌和历史文化遗产资源。不断丰富非物质文化遗产的空间载体，夯实遗产保护空间基础，形成独具历史性、传承性、时代性的城市文化精神。

重点加强 6 处省级传统村落的保护。包括占城镇山上村山上、官湖镇授贤村授贤、港上镇北西村北西、燕子埠镇鹿寨村范庄、铁富镇姚庄村姚庄、燕子埠镇棠棣埠村西棠棣埠。落实《江苏省传统村落保护办法》（省政府令第 117 号）的相关要求，编制传统村落保护发展规划，明确保护内容、保护范围等。保持和延续其传统格局和历史风貌，维护其地形地貌、街巷走势等空间尺度，不得改变与其相互依存的山、水、田、林、路等自然景观环境的空间关系和形态。

加强历史古镇的保护。加强对土山镇等历史遗迹较多的历史古镇的保护。可适当对照《江苏省历史文化名城名镇保护条例》的相关要求，积极采取措施维护历史古镇的真实性和完整性，保持和延续其传统格局、街巷肌理、沟渠河道、空间尺度、景观环境和历史风貌。

加强不可移动文物的保护。严格保护 64 处文物保护单位，其中全国重点文物保护单位

3 处、省级文物保护单位 5 处、县级文物保护单位 56 处。落实《中华人民共和国文物保护法》《江苏省文物保护条例》的保护要求，加快完善文物保护单位"四有"工作，划定必要的保护范围，作出标志说明，建立记录档案，并区别情况分别设置专门机构或者专人负责管理。文物保护单位的保护范围内不得进行其他建设工程或者爆破、钻探、挖掘等作业；在文物保护单位的建设控制地带内进行建设工程，建设工程项目应当与文物保护单位的周边环境、历史风貌相协调，不得破坏文物保护单位的历史风貌。

推进历史建筑的保护与认定工作。加快推进历史建筑普查与认定工作。严格保护 12 处县级历史建筑，明确保护范围、设置保护标志并完善历史建筑档案。经认定的历史建筑，其保护利用及管理严格落实《城市紫线管理办法》的相关要求，任何单位和个人不得损坏或者擅自迁移拆除历史建筑。历史建筑保护责任人按照历史建筑保护要求对历史建筑进行维护和修缮。在符合相关规划和历史建筑外观、风貌、安全的前提下，引导和促进历史建筑的活化利用。

积极发掘、整理、恢复和保护各类非物质文化遗产。保护 214 项非物质文化遗产，其中国家级 2 项、省级 10 项、市级 16 项、县级 186 项。按照"保护为主、抢救第一、合理利用、传承发展"的原则，积极发掘、整理、恢复和保护邳州市各类非物质文化遗产，持续推动非物质文化遗产普查和公布工作。保护非物质文化遗产及其背景环境，建立和保护重要非物质文化遗产栖息地，鼓励传习活动。加大宣传和传播力度，恢复传统节庆活动，开展节日、竞赛等活动，进一步烘托邳州市民俗文化氛围。

加强历史文化遗产空间保护，划定历史文化保护线。包括大运河遗产邳州段、6 处省级传统村落、3 处全国重点文物保护单位、5 处省级文物保护单位和 56 处县级文物保护单位的保护范围。历史文化保护线内的建设行为应严格遵循相关法律法规及保护规划的要求，充分保护并延续传统风貌，不得进行对历史文化遗产构成破坏的活动。定期开展文化遗产普查和增补工作，完善历史文化保护线常态化更新机制。各类历史文化保护对象的保护范围应根据相关法律法规的要求，在相关专项规划中予以划定，并纳入国土空间规划"一张图"中监督实施。

4.6.2　打造大运河文化名片

保护大运河主河道邳州段（包括中运河、不牢河的邳州段）及老不牢河邳州段。严格执行《中国大运河（江苏段）遗产保护规划（2011—2030）》《江苏省大运河文化保护传承利用实施规划》，落实大运河遗产保护规划体系确定的保护区划与管理要求。

严格保护大运河及沿岸地区，划定大运河核心监控区管控范围，实施严格的正、负面清单管理制度。严格执行《大运河江苏段核心监控区国土空间管控暂行办法》（苏政发〔2021〕20号）、《大运河徐州段核心监控区国土空间管控细则（试行）》（苏自然资函〔2022〕1261号）的相关要求，将大运河主河道（包括邳州市域范围内的中运河段和不牢河段）两岸划定为大运河核心监控区，按照滨河生态空间、建成区（城市、建制镇）和核心监控区其他区域三个区予以分类管控。在规划实施过程中严格落实滨河生态空间正面清单、核心监控区其他区域负面清单、建成区（城市、建制镇）建筑高度和风貌管控等相关要求。

融入大运河国家文化公园体系，共同构建大运河生态文化走廊。推进大运河邳州段相关文化和遗产保护工程，深入挖掘大运河的文化与生态双特色，整合串联沿线刘林—梁王城遗址公园、河清闸遗址、禹王山公园、珈口古镇遗址、刘山闸、大王庙田园综合体、老不牢河历史河道、徐塘口及徐塘闸、官湖河雨洪公园、陇海铁路线公园、老港口遗址公园、王杰烈士墓、黄墩湖湿地公园、下邳王墓地遗址公园等文化要素和自然景观，打造大运河国家文化公园（江苏段）刘林—梁王城遗址至骆马湖风景区集中展示带。

4.6.3 推动遗产活力利用

深挖特色村镇文化资源和社会文化特色。充分挖掘铁富镇、碾庄镇、土山镇、宿羊山镇、占城镇等的文化内涵，分类保护非物质文化遗产，特别是濒临消失的遗产需抢救性保护，深入挖掘乡村地区的历史文化遗产和社会文化特色，延续历史形成的地名和路名；积极活化利用传统文化，加强传统文化的展示宣传，并构筑传统文化品牌；加强传统文化的物质塑形，结合公共建筑和公共空间，营造出传承、展示、培训、宣传传统文化的场所空间。

在充分保护的前提下，支持更好地发挥文物建筑的公共文化属性和社会价值。文物保护范围内，应遵循相关政策法规要求的禁止性行为，不得进行与保护无关的建设活动，新建、扩建的基础设施和公益性公共服务设施可在论证审议通过后实施。在建设控制地带进行新建、扩建、改建活动的，应当符合保护规划或者保护措施的要求，不得破坏传统格局和历史风貌。

加强大遗址展示利用。保护地下埋藏文物，进一步细化地下文物埋藏区范围，并制订相应的挖掘计划。积极推动大墩子遗址、刘林遗址、梁王城遗址等大遗址的挖掘、展示与利用。加强文物科技创新，积极开展文化遗产的展示、科研等活动，更好地发挥文化遗产的文化价值。鼓励社会力量参与文物保护利用工作，通过合约、协议等方式明确各方的合法权益和责任义务。

加强开展专项遗产认定工作，以科技赋能专项遗产活化。重点保护华沂闸水利工程遗产、新沂—邳州—沭阳古栗林农业文化遗产等水利、农业专项遗产，以及邳州古城地名文化遗产、土山古镇地名文化遗产等其他专项遗产。充分挖掘和继承水利文化遗产和农业文化遗产对现代社会所产生的文化价值知识体系，弘扬邳州水利文化、古栗林农业文化、古地名文化，创新文化遗产传播模式，以科技赋能，实现历史再现与场景还原，利用可视化信息技术营造沉浸式体验空间，增强文化遗产的保存力、传播力。

将非物质文化遗产传承与物质空间保护进行充分结合，形成更有文化内涵的特色空间。在市域范围内，结合历史文化展示线路、特色乡村等，集中展示邳州丰富的传统技艺和手工艺。在中心城区范围内，通过城市雕塑小品、开放空间、博物馆陈列介绍等方式展示社会风俗、礼仪、节庆等传统文化，推动通过多种方式加强对文化空间的展示与宣传。

4.6.4 塑造城乡特色风貌

突出"诗意田园、楚韵汉风"的总体风貌特色定位，形成"诗画楚汉韵、多彩话邳州、水绿串遗珠、城融田园中"的风貌特色形象。根据自然生态、田园风光、历史文化、人文景观等要素分布，引导城乡建设与特色景观相协调，构建"三区八组团"的整体特色风貌分区（图4-15）。

村镇风貌区，包括历史文化风貌村镇、山区风貌村镇、田园风貌村镇、滨水风貌村镇四类。历史文化风貌村镇主要位于邳城镇和土山镇，重点展现地域传统风貌特色，保护村镇历史格局。山区风貌村镇主要位于占城镇、八路镇、燕子埠镇、车辐山镇、戴庄镇、岔河镇和铁富镇，重点展现村镇与山体地形地貌的有机融合。田园风貌村镇主要位于四户镇、官湖镇、陈楼镇和港上镇，重点展现村镇与生态田园的有机融合。滨水风貌村镇主要位于邢楼镇、邹庄镇、宿羊山镇、碾庄镇、赵墩镇、八义集镇、议堂镇和新河镇，重点控制大运河沿线城镇和村庄的建筑高度和建筑风貌，打造具有大运河特点与地方特色的景观风貌。

开敞地区风貌区，包括山地风貌、田园风貌、滨河风貌三类。山地风貌组团主要包括全市域的山地和丘陵连绵区域，重点是保护山体，营造多彩山林风貌。田园风貌组团主要包括全市域所有耕地，重点营造四季有景的田林共生的大地景观。滨河风貌组团主要包括京杭大运河等全域所有结构性水网，落实大运河核心管控区建筑高度、风貌管控等要求，延续水系两岸林田肌理风貌，重点展示特色历史人文河道景观，营造苏北水乡风貌。

都市风貌区。引导范围为中心城区，重点规范大运河沿线景观视廊和重要景观界面控制，营造生态、生产、生活"三生融合"的都市风貌。

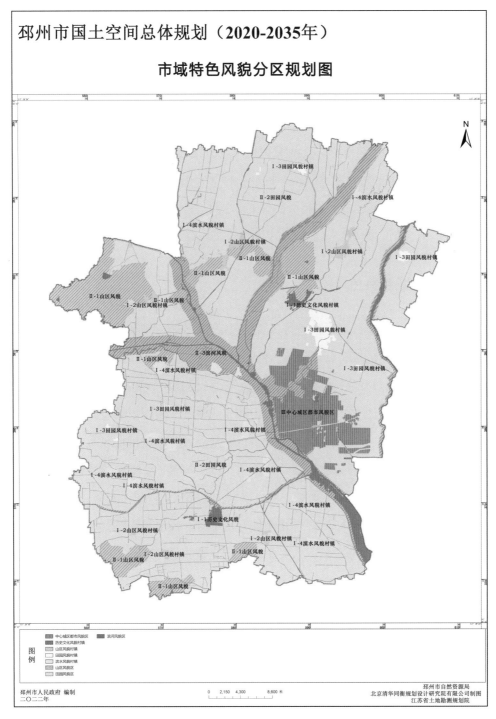

图 4-15　市域特色风貌分区规划图

4.7 城乡融合，推动乡村全面振兴

4.7.1 稳步提升城镇化水平与质量

有序推进本地人口城镇化，到2035年市域常住人口达到145万—148万人左右，市域城镇化率达到约73%，考虑来邳州旅游、务工、商务等短期流动人口规模，在常住人口基础上预留一定弹性，预测2035年邳州实际服务人口约为158万—168万人。以就近就地城镇化为主体，推动农业转移人口向中心城区、镇区，特别是中心镇有序迁移；吸引外出务工回流人口在中心城区、镇区就业；吸引高素质外来人口在邳州中心城区就业、安居。

4.7.2 完善城镇体系结构

城镇等级结构。构建由"1个市域中心城市、7个中心镇、14个一般镇"组成的资源共享、角色互补的市域城镇等级体系。市域中心城市（1个）即邳州中心城区，是邳州市域政治、经济、人口发展中心。中心镇（7个）具有服务周边区域的综合性职能，拥有一项或多项具有市域影响的特色产业或职能，具有较大的人口、产业规模等级。一般镇（14个）应完善基本公共服务供给功能和居住功能，并承担部分具有涉农产业性质、符合生态环保要求的生产性职能。

城镇规模结构。将邳州中心城区建设成为约70万人口规模的中等城市。其他城镇人口规模分别为官湖镇（7.0万—8.0万人）、铁富镇（3.5万—4.5万人）、碾庄镇（3.0万—4.0万人）、八义集镇（2.5万—3.0万人）、宿羊山镇（1.8万—2.2万人）、车辐山镇（1.5万—2.0万人）、土山镇（1.5万—2.0万人）、赵墩镇（1.5万—2.0万人）、邳城镇（1.5万—2.0万人）、陈楼镇（1.2万—1.7万人）、港上镇（1.2万—1.7万人）、议堂镇（1.0万—1.5万人）、岔河镇（0.8万—1.2万人）、新河镇（0.8万—1.2万人）、八路镇（0.8万—1.2万人）、占城镇（0.8万—1.2万人）、邹庄镇（0.5万—1.0万人）、戴庄镇（0.5万—1.0万人）、四户镇（0.2万—0.6万人）、邢楼镇（0.2万—0.6万人）、燕子埠镇（0.2万—0.6万人）。

城镇职能结构。邳州中心城区是全市政治、经济、文化中心，城镇人口、高新技术产业和创新功能的核心集聚地，建设成充满活力、生态宜居、产城融合的现代化城市。官湖镇重点加强与中心城区的一体化发展，打造以生态家居为主导产业的特色小城市和综合型城镇。铁富镇是以银杏产业为龙头的特色小城市，一二三产融合发展的综合型城镇。碾庄镇是以五金机械为主导产业的特色小城市和综合型城镇。土山镇是以徐工机械配套产业为龙头的综合型城镇，以三国文化为特色的历史古镇。宿羊山镇是以大蒜产业为龙头、一二三产融合发展的综合型城镇。岔河镇是以电力设备产业及高分子管道产业为主导的工业型城镇。车辐山镇是以现代农业服务为主的农业型城镇。八义集镇是邳州向西对接徐州的门户节点，以工程机械和智能制造为主导的工业型城镇。赵墩镇是以绿色建材为主导产业的农业型城镇。议堂镇是以环保电器产业为主导的农业型城镇。邳城镇是以艾山文化生态旅游为特色的农业型城镇。陈楼镇是以城市近郊生态旅游为特色的农业型城镇。港上镇、新河镇、八路镇、占城镇、邹庄镇、戴庄镇、四户镇、邢楼镇、燕子埠镇是以现代农业服务为主的农业型城镇。

4.7.3 推进乡村全面振兴

积极推进镇村布局规划动态更新，分类引导乡村有序发展。以邳州市镇村布局规划为依据，按照集聚提升、融入城镇、特色保护、搬迁撤并的思路，将全市域的自然村分为集聚提升类、特色保护类、城郊融合类、搬迁撤并类和其他一般类，分类推进村庄规划建设引导和乡村振兴。

专栏 4-1 村庄分类引导

集聚提升类村庄：是指现状规模较大、区位交通便捷、具有一定产业基础、公共服务设施配套条件较好等现状综合条件优良的村庄，以及已撤并的乡镇镇区、新建的新型农村社区，是乡村振兴的重点。应发挥村庄自身比较优势，强化主导产业支撑，支持农业、工贸、休闲服务等专业化村庄发展，同时在原有基础上有序推进改造提升，提高村庄建设质量和生产生活环境，吸纳乡村人口集聚。

特色保护类村庄：是指传统村落及其他自然历史文化特色资源丰富的村庄，是彰显和传承优秀传统文化的重要载体。应积极挖掘并合理利用村庄特色资源，发展乡村旅游和特色产业，形成特色资源保护与村庄发展的良性互促机制，激活村庄发展活力。

城郊融合类村庄：是指城市近郊区、处于城镇开发边界范围外、具有成为城市后花园优势或向城市转型条件的村庄。应综合考虑工业化、城镇化和村庄自身发展需要，加快城乡产业融合发展、基础设施互联互通、公共服务共建共享，在形态上保留乡村风貌，在治理上体现城市水平，逐步强化服务城市发展、承接城市功能外溢的作用。

搬迁撤并类村庄：包括在生态保护红线范围内的村庄，在石膏矿采空塌陷等地质灾害隐患区内的村庄，重大项目建设需占用的村庄，现状规模小、人口流失及空心化特别严重的村庄。尊重农民意愿并经村民会议同意，逐步引导此类村庄的村民转移居住。拟搬迁撤并的村庄，严格限制新建、扩建活动，原则上不进行大规模的基础设施和公共服务设施建设。搬迁撤并后的村庄原址，因地制宜复垦或还绿，增加乡村生产生态空间。

其他一般类村庄：是指目前暂时无法分类的村庄。在现有基础上，重点加强人居环境整治和风貌提升，在总体格局基本稳定的前提下，保障民生项目，实现优化发展。

因地制宜、因村施策，推进人居环境整治，建设宜居和美乡村。扎实推进乡村危房改造，加快重点片区新型农村社区建设，提升农民住房条件，实现"村庄变社区"和"社区进小区"。持续开展村庄清洁行动，以农村卫生厕所改造、农村垃圾处理、道路清理等工作为主要抓手，改善村民生活居住环境。完善农村集贸市场建设，加大农村物流公共服务中心和村级网点建设，健全农村电商服务体系。加快实施"四好农村路"、村内道路改造提升项目，巩固提升农村饮水安全，完善农村生活污水处理设施。

4.7.4 完善城乡公共服务

按照"市域中心城市—中心镇——一般镇"三个层级，构建合理均衡的公共服务设施网络体系（图4-16）。市域中心城市即邳州中心城区，重点提供面向周边区域及邳州全市域范围的高等级综合服务，包括商务、商贸、休闲等功能，以及教育、医疗、文化、体育及社会福利等城市公共服务。中心镇重点面向本镇及周边乡镇，建设满足城乡居民日常生活所需的各种教育、医疗、文化体育等公共服务设施，设立民生服务中心。一般镇重点承载本镇及农村地区的基础服务功能。各类公共服务设施布局及配置以相关专项规划为准。

分类分层级构建城乡社区生活圈。城镇社区生活圈按"15分钟、5—10分钟"两个层级配置，乡村社区生活圈按照"镇、村/组"两个层级配置。基于街道、镇社区行政管理边界，构建城镇15分钟社区生活圈，配置面向全体城镇居民、内容丰富、规模适宜的各类服务要素。结合城镇居委社区服务范围，构建城镇5—10分钟社区生活圈，配置城镇居民日常使用，特别是面向老人、儿童的各种服务要素。依托镇所在地，统筹布局满足乡村居民日常生活、生产需求的各类服务要素，形成乡村社区生活圈的服务核心。依托行政村集中居民点或自然村/组，综合考虑乡村居民常用的交通方式，按照15分钟可达的空间尺度，配置满足就近使用需求的服务要素。

构建内容丰富、面向未来的服务要素体系。关注城镇和乡村居民多样化需求，以保障基本、尊重差异、注重提升、彰显特色为原则，在优先满足基本公共服务基础上，重点完善品质提升型、特色引导型要素的配置和引导。乡村在完善社区基础设施配置的同时，应加强为农服务功能，实现乡村生产生活设施的便利化。加强城乡社区综合服务设施建设，按照每百户居民拥有综合服务设施面积不低于30平方米的国家标准，以新建、改造、购买、项目配套和整合共享等形式，通过规范新建住宅区社区综合服务设施集中配套建设和加强既有住宅区社区综合服务设施改造提升，进一步提升社区综合服务设施建设水平，完善社区服务功能配套，重点加强对农村地区和城市老城区社区综合服务设施的改造、提升和新建力度。

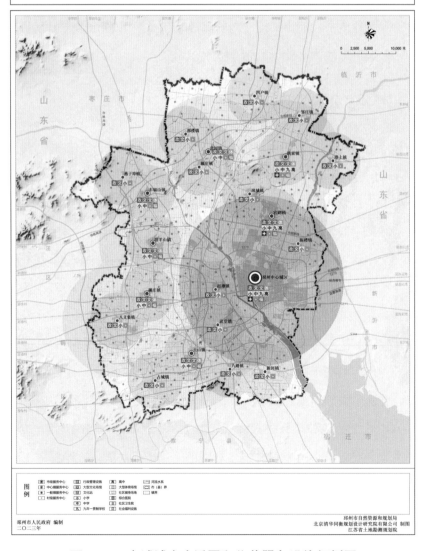

图 4-16　市域城乡生活圈和公共服务设施规划图

4.8　紧凑集约，促进城市提质增效

4.8.1　优化城市空间布局

邳州中心城区的发展方向为"东进、北延、中优、南控"。向东加快邳州高新技术产业开发区的发展，形成职住平衡和产城融合发展片区；推动交通用地一体化发展，高质量建设邳州东站站前区域。向北进一步优化邳州经济开发区的布局，推进临港产业园建设；同时，围绕隆丰湖集聚商务办公、低密度居住等城市功能，打造生态环境与城市建设和谐发展的示范区域，提升新区活力。中部以优化提升大运河沿岸城市形象为主，加强老旧小区、棚户区的改造。以连霍高速控制城市向南扩展；整合张楼土地资源，建设城市生活组团。

挖掘城市空间触媒，激活城市内生动力与魅力节点。一是推进邳州东站交通与用地的一体化发展，打造邳州片区级商业商务中心，集聚商务商业、研发创新、公共服务、现代宜居等多元复合功能。二是依托邳州经济开发区、邳州高新技术产业开发区，搭建科技创新平台，集聚产业创新资源。三是依托行政中心、文化体育中心，持续完善新区的综合服务功能，提升新区活力，带动城市向北发展。四是利用沙沟湖水杉公园、隆丰湖公园、桃花岛公园等优质生态要素，带动周边地区高品质功能的集聚。

优化各园区的产城关系，促进产城平衡。促进邳州经济开发区、邳州高新技术产业开发区的产城融合发展，完善产业服务中心建设。化工产业园区坚持产城适度分离的布局原则，500米之内不能布局生活居住功能。完善临港产业园的配套生产性和生活性公共服务。

依托大运河资源，构建景观功能融合的休闲系统。充分发挥大运河的生态和文化价值，建设老城大运河中央活力区，打造景观多样、内涵丰富的大运河生态文化带。利用建秋河、官湖河、沙沟湖、隆丰湖等河湖水系，构建城市滨水景观休闲环线。

挖掘城市存量空间，推动城市有机更新。以老港口区为主，建设融合大运河遗址文化公园、商业服务、旅游休闲、购物消费、文化娱乐、活动健身等为一体的商旅文活动集聚区，激发老城活力。

整合郊区资源，构建功能复合的新型特色城镇。围绕张楼，打造城市生活服务组团和城郊康养水镇。挖掘城市周边农田、红枫林等生态资源，打造"城市后花园"。

规划构建"两廊、三带、三核、四轴、五片"的组团式城市空间结构（图4-17）。①"两廊"即位于城市两侧的两条生态景观廊道，分别为京杭大运河生态景观廊道和老沂河生态景观廊

图 4-17 　中心城区空间结构规划图

道。以大运河两岸优美的自然风光为基础，挖掘传承大运河文化，保护修复大运河生态，完善大运河沿岸休闲、娱乐、创意产业等功能，打造风光景观优美、文化内涵丰富的京杭大运河生态景观廊道。规划将老沂河生态景观廊道打造成为中心城区东部集休闲观光为一体的森林生态长廊。②"三带"即三条贯穿城市的生态风光带，分别为官湖河生态风光带、六保河生态风光带和建秋河生态风光带。六保河生态风光带纵贯邳州中心城区，串联隆丰湖、沙沟湖、桃花潭三大湖区，规划打造成为集生态、文化、生活、休闲、生产多功能于一体的滨水景观带和旅游休闲观光长廊。③"三核"即"一主两次"的城市服务核心，分别为城市综合服务中心、运河商业旅游中心和高铁商务中心。依托隆丰湖大型城市湿地公园，建设城市综合服务中心，承载商业金融、商贸商务、行政办公、体育会展、文化娱乐、科技研发等城市核心职能。通过城市更新打造运河商业旅游中心，承载大运河旅游服务、传统商贸服务等特色职能。加快高铁综合枢纽、涉铁立交及配套设施建设，集聚商务交流、研发创新、公共服务等业态与要素，打造高铁商务中心。④"四轴"即"一主三副"的城市发展轴线，分别为建设路城市发展主轴、南京路城市活力次轴、辽河路新城发展次轴和城南产城融合发展次轴。建设路城市发展主轴南段以老城功能提升为主，北段以打造创新集群、商圈经济等为主，共同带动中心城区焕发新风采。南京路城市活力次轴重点承载行政服务、综合枢纽、商务办公、体育文化等功能，激发新城发展活力，完善沿路的绿化景观廊道打造。辽河路新城发展次轴重点集聚科技研发、创新孵化等功能，实现以创新引领新城和经开片区融合发展。城南产城融合发展次轴呈东西向贯穿老城片区和高新片区，可结合高铁商务中心建设来完善生产生活服务业，推动产城深度融合。⑤ "五片"即形成产城融合的五个功能片区，包括老城片区、新城片区、高新片区、经开片区和临港片区。老城片区重点结合老城改造，强化老城商业功能，完善配套设施建设，提升居民生活环境品质。新城片区是城市向北拓展的核心板块，主要承载行政办公、商务商业、生活居住等城市功能。经开片区重点打造综合型产业新区。高新片区以节能环保、装备制造、新材料、生物技术与新医药产业为主，实现产城融合。临港片区主要发展装备制造、新材料、临港加工等枢纽经济和物流偏好产业，完善物流、商贸、电子商务、金融等配套服务业。

　　坚持完善功能与宜居宜业相结合，坚持集约高效与安全便利相结合，完善城市功能结构，塑造优美、安全、舒适共享的城市空间，以 "结构控制＋开发管控" 综合确定规划分区。城镇集中建设区进一步划分为居住生活区、综合服务区、商业商务区、工业发展区、物流仓储区、绿地休闲区、交通枢纽区、战略预留区八类二级规划分区（图4-18）。

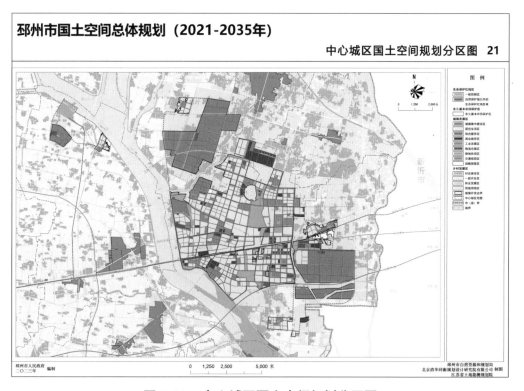

图 4-18　中心城区国土空间规划分区图

4.8.2 加强居住与住房保障

完善由保障房、人才安居住房、普通住房构成的多层次、多人群覆盖的住房保障体系。规划各类保障性住房主要包括安置房、廉租房和公租房；原则上各 15 分钟社区生活圈均应配置保障性住房用地。规划人才安居住房主要布局于邳州经济开发区、邳州高新技术产业开发区、隆丰湖周边地区、高铁站前区域等。

完善住房用地供应机制，明确人才安居住房和保障房用地指标和空间布局。保障性住房用地应保尽保，合理安排人才安居型住房用地，适度增加普通商品住房用地，严格控制大户型高档商品住房用地。实施以公共交通为导向的住房开发模式。盘活存量用地，加大棚户区改造力度。坚持新建住房与市政公用设施、公共服务设施同步规划、同步建设、同步交付使用，建设住房质量优良、交通出行便捷、教育医疗完善、文体设施完备的宜居社区。

4.8.3 完善公共服务设施布局

规划构建"城市级服务中心、片区级服务中心、15 分钟社区生活圈服务中心、5—10 分钟社区生活圈服务站"四级公共服务中心体系（图 4-19）。①形成"一主、两副"共三个城市级服务中心。城市主中心即城市综合服务中心，紧邻隆丰湖布局，是城市最重要的金融办公、大型商业、会展博览、创新服务、商务交流等功能承载区。运河商业旅游中心重点承载旅游、休闲、文化、商业、生活配套等服务功能，带动老城空间品质提升，激发老城活力。高铁商务中心是承载商业商务、科研办公、会议展览等商务交流功能的副中心，是城市的会客厅，重点带动城市东部片区的发展。②形成四处片区级服务中心。新城片区行政中心重点承载行政办公、大型文化体育、高等教育等功能。老城片区中心重点发展文化休闲、优质教育、体育、医疗康养、商业服务功能。高新片区中心和经开片区中心重点承载科研服务平台、生产服务中心、综合办公服务等功能。③形成多个"15 分钟社区生活圈"服务中心。15 分钟社区生活圈中心应配置包括中学、大型多功能运动场地、文化活动中心（含青少年、老年活动中心）、卫生服务中心、养老院、社区服务中心等基础服务功能，并应尽量集中布局。④形成多个"5—10 分钟社区生活圈"服务站。5—10 分钟社区生活圈对应居住人口规模为 0.5 万—1.2 万人，其服务站配套设施的服务半径不宜大于 300 米。必须配建的设施主要参照《城市居住区规划设计标准》（GB 50180—2018）进行配置。

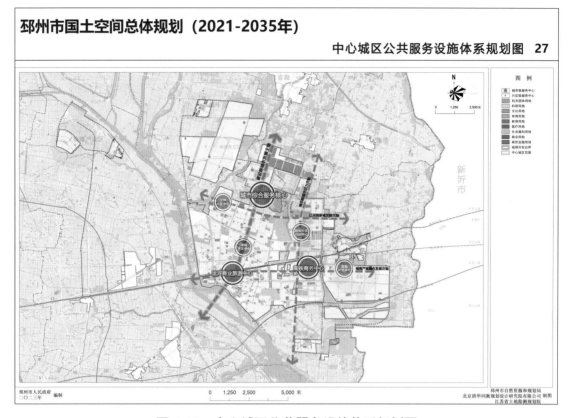

图 4-19 中心城区公共服务设施体系规划图

以"一老一小"为重点，建立完善覆盖全生命周期的人口服务体系。规划形成一处行政办公中心（即新城行政中心），其他机关团体用地以现状为主，分散布局在老城区。规划重点补足中心城区现状教育设施覆盖盲区，促进基础教育均衡发展。对老城区规模较小的学校适当改建、扩建；幼儿园建设应满足现行居住区公共服务设施配套标准，尽量满足5分钟步行可达距离服务半径全覆盖。规划中心城区科研用地主要布局在隆丰湖服务中心、高新片区、经开片区。加强基层公共文化设施建设，推进15分钟社区生活圈文化中心建设。规划完善提升市级体育中心，完善15分钟社区生活圈的体育场馆，与15分钟社区生活圈文化活动中心一起形成社区文体中心；完善全民健身服务体系，新建小区的公共体育设施应达到国家用地定额指标的规定。建设完备的医疗卫生设施体系，加强市级综合医院、专科医院投入；完善妇幼保健医院、卫生防疫站等设施；以15分钟和5—10分钟社区生活圈为基础，完善社区卫生服务中心和社区卫生服务站建设。在居住社区建设改造中，建设与常住人口规模相适应的养老托育服务设施，增强抚幼养老功能。

4.8.4 提升绿地和开敞空间

点线面结合，形成"郊野公园环城、绿色廊道入城、清风走廊通城、城市绿心嵌城、水绿交织融城"的绿地与开敞空间布局结构，实现绿地和开敞空间布局系统性、均好性、景观性、生态化、特色化的规划目标。

形成"一环、五廊、三心、多点"的公园绿地空间结构（图4-20）。"一环"是由七大郊野公园共同构筑的郊野公园环，包括京杭运河国家文化公园、大运河湿地公园、黄墩湖湿地公园、红枫森林公园、建秋河湿地公园、古栗省级森林公园、官湖河湿地公园；"五廊"是京杭大运河、老沂河、六保河、官湖河、建秋河五条城市生态廊道；"三心"是指由隆丰湖公园、沙沟湖水杉公园、桃花岛公园组成的城市绿心；"多点"是依托公园绿地形成的绿地节点，包括六保河公园、南小河公园、炮车公园、九凤园、水上公园、港口遗址公园、高新区公园、陇海铁路遗址公园等城市公园。

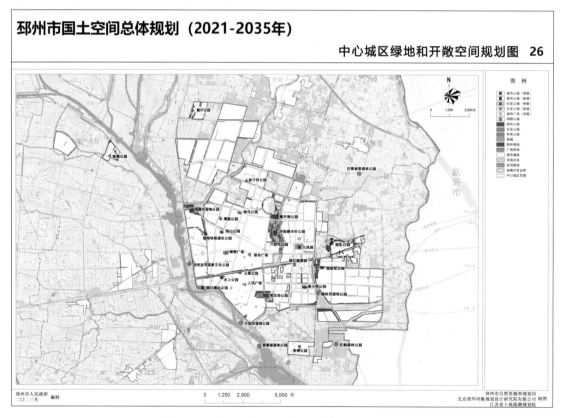

图4-20 中心城区绿地和开敞空间规划图

构建综合公园、社区公园、专类公园、游园四级公园体系。其中综合公园面积宜大于10公顷，服务半径大于1000米，八大市级公园包括隆丰湖公园、九凤园、桃花岛公园、水上公园、锦绣广场、南小河公园、炮车公园、高新区公园；社区公园面积宜大于5公顷，以服务半径800—1000米为标准，包括清溪公园、恒山公园、锦绣广场、公路公园、林子村公园、张楼公园、戴圩公园、临港公园等；专类公园共三个，包括水上公园、陇海铁路遗址公园、港口遗址公园；游园以服务半径500米为标准，结合城市公共空间和社区公园的建设，利用零散空间，增补游园。

强化生态隔离带建设，合理设置工业企业和工业园区环境防护距离，降低工业区对居住区等生活空间的干扰和影响，保障城市人居环境安全。加强铁路沿线防护绿地建设。

保留人民广场、银杏广场等，规划新增七处城市广场，重点结合公园绿地、绿道、大型交通枢纽和公共服务设施布置。

疏通断流河道，形成"一河三湖、八廊一网"的魅力水网骨架，营造拥河亲水、复合多元的滨水空间，提升水城体验。加强京杭大运河及其两岸的保护与管控，着力建设隆丰湖、沙沟湖、桃花潭三大精品主题湖区，畅通古运河、五杨大沟、官湖河、六保河、建秋河、老沂河、城河、纲河及其两岸等八条魅力蓝道，重点疏通徐马河、古运河、李口大沟和建秋河等结构性水体河道，改善局部断流情况，提升中心城区水网连通度和雨洪调控能力。在保障河流基本的生态安全功能、交通运输功能的基础上，加强河流景观功能建设。提升岸线开敞性、通达性及亲水性，打造活化多彩水岸。完善滨河的文化、体育、旅游服务等配套设施建设。

结合蓝绿空间划定两条主风廊和两条次风廊。加强"两主"（陇海铁路通风廊道和官湖河通风廊道）、"两次"（建秋河通风廊道和六保河通风廊道）通风廊道管控，降低通道内地表粗糙程度，严控新增大型建筑或植被突出物；增加通道内植被绿量，使其成为线状冷源，增强其降温效果；严格控制通道内大气污染，避免污染物顺通风廊道扩散。

打造由一条环状湖链休闲绿道和四条社区慢行绿道支线构成的城市复合游憩网络。以一条环状湖链休闲绿道串联隆丰湖、沙沟湖、桃花潭等三大湖区，丰富湖区休闲游憩功能。结合城市蓝绿空间、特色景观节点、公共服务设施，建设四条慢行绿道支线，丰富城市休闲体验要素。

4.8.5　加强城市风貌引导

突出"诗意田园、楚韵汉风"的总体风貌特色定位。整合水、林、田、城景观要素，打造宜游、宜居、宜业的城市景观。彰显邳州深厚的历史底蕴，活化历史文化遗产，发扬拓展城市文化，引导古今风貌元素的相互辉映。

规划构建"三核五片、五带四轴"的城市风貌结构。塑造三个新楚韵汉风风貌集中展示核心片区，包括滨河历史文化街区、隆丰湖创新生态区、高铁商贸区。确定五大风貌片区，包括三个产业风貌片区、一个新城风貌片区和一个老城风貌片区。其中三个产业风貌区主要是以现代化厂房和高效物流功能为主，体现出科创制造的空间特色；新城风貌片区主要是结合生态景观和新型社区，逐步形成生态宜居型风貌特色；老城风貌片区主要是结合老城更新改造，完善滨水功能，体现出楚韵汉风的地域特点。重点打造五条滨河风貌带，包括大运河风貌带、老沂河风貌带、官湖河风貌带、六保河风貌带以及建秋河风貌带。加强"五带"两岸建筑高度和体量、沿河道路、绿化景观的管控，保护生态湿地，形成良好的滨河生态景观。其中，重点规范大运河沿线景观视廊和重要景观界面控制，不得新建或扩建高度、体量、色彩、建筑风格等与历史文化遗产不协调的建（构）筑物，有机融合并彰显邳州楚汉文化和大运河文化。对城市重要干道及门户进行风貌优化，重点打造四条城市景观轴，包括建设路景观轴、陇海大道景观轴、长江路景观轴和银杏大道景观轴。

重点塑造展现"苏北水城"特色风貌的六条城市天际轮廓线，包括：官湖河、京杭大运河、六保河、建秋河等四条滨水廊道和陇海铁路、连霍高速等两条对外交通廊道，轮廓线应富有韵律、突出重点。

规划"一楼双塔"的视廊视域控制系统。重点控制隆欣阁、六保塔、海事大楼与新增高层标志建筑、开敞空间观景点之间的五条重要视线通廊。

加强城市建筑风格引导。传统建筑风格重点突出建筑厚重敦实、雄浑刚劲的风格，保留传承金字梁架、里生外熟、上砖下石、灰白与土黄的基本色等地域建筑做法。楚韵汉风建筑风格重点注入楚汉文脉元素、恰当控制比例与尺度，灵活运用直脊四坡屋顶，大尺度平挑构造檐口，门洞处、柱子以及屋顶上的叠涩手法，塑造青砖、白墙、灰瓦的楚韵汉风建筑。现代建筑风格则以简洁明快的现代主义风格为主导，严禁媚洋、求怪。

加强城市开发强度控制。在不突破建筑高度控制指标的前提下，根据各片区具体功能，进行开发强度分级控制，将中心城区划分为五级开发强度分区。Ⅰ级强度区为低强度开发地区，主要分布在张楼组团以及经开片区的部分居住功能区域，容积率上限一般控制在不超过

1.0。Ⅱ级强度区为中低强度开发地区，主要分布在经开片区和高新片区的工业园区，以及居住、商业与公共服务功能区域，容积率上限建议控制在 2.0。Ⅲ级强度区为中等强度开发地区，主要分布在高铁站前区域以及隆丰湖周边区域，容积率上限建议控制在 2.5。Ⅳ级强度区为中高强度开发地区，主要分布在城市综合服务中心周边区域，容积率上限建议控制在 3.0。Ⅴ级强度区为高强度开发地区，主要分布在城市综合服务中心和高铁商务中心周边区域，容积率上限建议控制在 3.5，重点强化城市核心区域与门户区域的城市形象与土地利用效率。

加强城市建筑高度控制。沿大运河两岸新增建筑高度应当遵循滨水梯度原则，前低后高，渐次升高，并与周边建筑相协调，禁止建设破坏整体天际线的建筑。规划中心城区建筑高度分区按五级进行控制和引导。高度严格控制区主要包括老城居住区、产业区及因视廊视域控制引导地块，以多层或低层建筑为主，建筑高度控制在 24 米以下。高度普通控制区主要包括新建居住区、商业区，以小高层为主，建筑高度控制在 24—36 米。高度适度发展区主要分布在新城中心范围内，以高层办公建筑为主，建筑高度控制在 36—54 米。高度引导发展区主要分布在城市中心区，以连霍高速、银杏大道沿线为主要范围，以高层办公建筑为主，建筑高度控制在 54—80 米。高度优先发展区主要包括隆丰湖创新生态片区、高铁核心商务办公地块，建筑高度控制在 80—100 米，形成城市空间标识。

4.8.6 推进城市有机更新

综合整治，更新提升。明确划分风貌整治性改造或成片拆除重建区域，采取差异化措施进行城市更新。对运河街道、东湖街道范围内建筑质量存在安全隐患、具有重大基础设施和公共设施建设需要以及保障性安居工程等公共利益建设需求的旧住宅区，可在政府主导下实施拆除重建。对基础设施较为完善区域，以有机更新为主要手段进行活化与老城区复兴，注重环境保护与大运河文化继承，鼓励与旅游开发相结合，促使老城区重新焕发活力。推动大运河沿岸用地功能置换，开辟城市公共空间，同时完善欠缺的社区服务功能，建设功能完善、符合现代城市生活需求的城市功能区（图 4-21）。

棚户改造，村庄安置。按照"成片规划、分步实施"的原则，稳妥有序地推进棚户区、城中村的改造工作。对改造区域内土地房屋征收、安置楼建设、市政基础设施配套、商业开发进行整体规划设计，合理确定改造范围、次序，成熟一片、改造一片、建成一片。促进还建区向城市新区转移，并综合考虑公共服务设施、市政基础设施以及公共交通状况，选择服务设施完善及公共交通出行方便的区域。

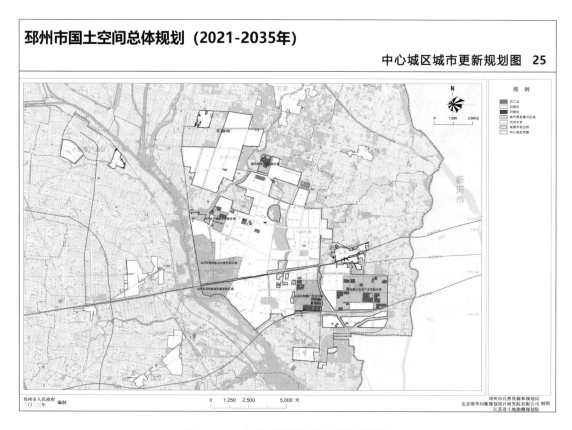

图 4-21　中心城区城市更新规划图

腾退零散工业，完善配套设施，推进低效用地改造。腾退高新区西北侧蒋庄社区部分工业用地，通过异地置换的方式进行搬迁。引导建设路两侧等现状零散工业用地向邳州经济开发区、邳州高新技术产业开发区内集聚；腾退空间向城市功能置换，通过新功能的植入提升城区服务设施供给与空间品质，最大限度地提升土地利用效率。邳州经济开发区、邳州高新技术产业开发区内因停工停产造成的低效工业用地，可通过创新土地政策，由政府与原土地使用权人签订腾退协议、进行收储，实现拆除重建或功能置换，来优化城市产业服务功能。邳州经济开发区、邳州高新技术产业开发区内因投入产出低造成的低效工业用地，鼓励企业加快技术改造升级，向研发、设计、高端制造等产业链发展，推动产业转型升级。因土地利用粗放导致的低效用地，则鼓励土地二次开发，适当提高开发强度。

4.8.7　合理开展地下空间开发利用

地下空间利用遵循系统规划、分层利用、公共利益优先、结合重点区域综合开发、地下与地上相协调的原则。关注城市中心区和枢纽地区地下空间建设，构建"地上地下一体化、功能类型多样化、设施系统高效化"的地下空间综合开发利用与保护体系，全面实现"生态持续、复合有序、科学适度、安全便捷"的邳州城市地下空间开发利用总体目标。规划至2035 年，建立促进城市地上地下空间与建设容量协调、各类地下设施系统高效、管理与保障完善的邳州地下空间系统（图 4-22）。

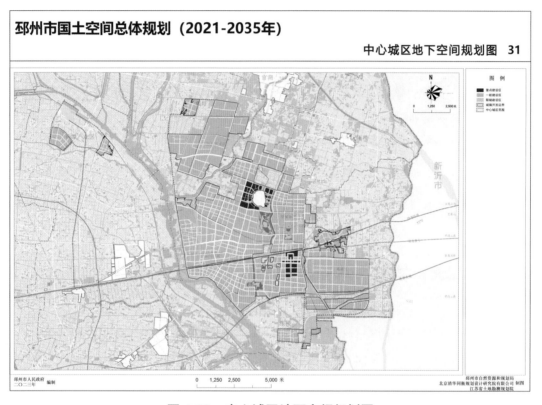

邳州市国土空间总体规划（2021-2035年）

中心城区地下空间规划图　31

图 4-22　中心城区地下空间规划图

规划采用"点状跳跃"模式，统筹地上地下集约紧凑布局，形成"一主、一副"的地下空间重点布局结构，推进多元功能复合开发。"一主"即隆丰湖市级地下空间发展主中心。以邳州隆丰湖综合片区建设为契机，结合市级现代化城市中心区建设，综合开发商业商务、文化娱乐、地下交通、地下综合管廊、地下人防等地下空间功能类型。"一副"即高铁站市级地下空间发展副中心。以邳州东站建设为契机，高效疏解客流，同时综合开发商业休闲、地下交通、地下综合管廊、地下人防等地下功能。

加强浅层、次浅层、次深层、深层四个地下空间开发利用竖向分层管控。以地面为基准，浅层一般为 0—15 米区域，主要以满足地下市政工程管线、地下商业、地下停车和人防工程等功能用途为主，是规划期内重点鼓励开发的区域。次浅层一般为 15—30 米区域，远景根据邳州城市发展需求择机开发，以适度开发为主。次深层一般为 30—50 米区域、深层一般为50 米以下区域，在没有特殊发展需求的情况下，宜作为限制开发资源加以保护控制。

4.8.8 严格落实城市重要控制线管控

城市蓝线。将中心城区范围内的建秋河、六保河、古运河、五杨大沟等主要河道水系划示为城市蓝线。城市蓝线严格按照《城市蓝线管理办法》及其他相关法律法规进行规划建设管理。

城市绿线。将隆丰湖公园、沙沟湖水杉公园、桃花岛公园、官湖河湿地公园等综合公园、重要专类公园以及防护绿地等结构性绿地纳入本规划城市绿线进行管控。城市绿线严格按照《城市绿线管理办法》进行规划建设管理。

城市黄线。将中心城区重要的市政、交通基础设施用地划定为城市黄线，包括变电站、污水处理厂、天然气高中压调压站、电信设施、消防站、铁路站场、公路客运站等。城市黄线严格按照《城市黄线管理办法》进行规划建设管理。

城市紫线。将文物保护单位蒋庄遗址的保护范围划定为城市紫线。城市紫线严格按照《城市紫线管理办法》进行规划建设管理。

详见图 4-23。

图 4-23　中心城区控制线规划图

4.9 绿色高效，夯实基础设施支撑

4.9.1 综合交通系统规划

（1）市域综合交通

连接区域，优化对外交通运输通道。①提升市域主要对外通道技术等级，增加与京沪、京台、淮徐等南北纵向交通大通道连接线，加强与徐州机场、徐州东站、新沂高铁站、连云港港口等周边区域交通枢纽的直连直通。②形成"两横两纵"的高速路网布局，分别为连霍高速 G30（现状）、徐临高速 S12（规划）、台睢高速 S61（规划）、徐明高速（即徐州东部绕越高速）S65（在建）。③形成"七横七纵"普通国省干线公路网络布局。"七横"包括 G310（改线）、G311（改线）、S344（现状）、S270（西延）、北部新线（规划）、中部新线（规划）、城际新线（规划）；"七纵"包括 S271（现状）、S251（改线）、疏港公路（规划）、S270（南延）、S250（北延）、高新区互通连接线（规划）、淮徐高速连接线（规划）。积极推动高速公路大通道的畅通，以及普通国省道服务水平的提升。

多式联运，巩固区域交通枢纽地位。①强化东陇海主通道功能，在陇海铁路、徐连客运专线的基础上，完善铁路专用线建设；推动利用既有铁路开设徐州—邳州的市域（郊）线，承担轨道快线的功能。结合邳州东站规划新建汽车客运站，将邳州东站建设成为集高铁、普通列车及汽车客运于一体的现代交通综合枢纽。②完善航道网络布局，加快航道升级。加快邳州新港建设进度，建成以装卸煤炭、件杂货、散货等为主的综合性港口，兼顾区域煤炭转运以及为邳州经济发展服务的功能。统筹推进临港产业园、邳州新港铁路专用线、疏港公路建设，深化"港产城"融合。③通过中部新线、高新区互通连接线、S270、G311、疏港公路，共同形成环城货运体系，提升碾庄站与城市货运需求的衔接，完善邳州经济开发区大宗货物运输通道，构筑公铁水一体化发展的综合货运体系。④填补邳州航空运输空白，加快建设邳州通用机场（B类），带动邳州空运服务快速发展，打造区域通用航空网络重要节点。

城乡一体，完善市域交通运输网络。①形成"七横五纵"镇村公路网。"七横"包括 X301、X302、X303、X352、X304、X305、X306；"五纵"包括 X210、原 S251、X207、X205、X204。重点新增了市域西部纵向通道、镇区之间的横向联系通道。②构建全域通达的城乡公交系统，规划城乡公交线路 8 条，包括车港线、碾燕线、八义集线、占城线、碾新线、四户线、邢楼线、机场线，覆盖所有建制镇。规划新增城乡客运站 9 处，包括岔河站、港上站、官湖站、邳城站、新河站、土山站、碾庄站、宿羊山站、燕子埠站，提升城乡客运站的覆盖率，设站镇比例达到 100%。保留中心城区现状宏通客运站与新城客运站，规划新增邳州东站综合客运站。

详见图 4-24。

图 4-24　市域综合交通规划图

（2）中心城区综合交通

提升城市路网连通度，形成适应城市新格局的道路网络结构。优化跨铁路交通联系通道，加强大运河两岸交通联系，打通断头路，补充城市次干道与支路系统，形成"三环、五横、五纵"城市骨架性网络结构（图4-25），支撑城市发展。"一环"承担城市综合性主干路功能，沟通主城区各功能分区；"二环"重在分离过境交通、货运交通和城区交通，货运不进入二环；"三环"重点联系主城区周边主要镇区和货运设施等。"五横五纵"交通性主干路包括白果路、钱塘江路、辽河路、银杏大道、文苑路、华山路、建设路、南京路、陇海大道、炮车大道；"六横五纵"生活性主干路包括松花江路、长江路、珠江路、解放路、青年路、春兴路、运河大道、恒山路、瑞兴路、泰州路、太湖大道。

图4-25　中心城区道路交通规划图

基于中等城市的特点，构建公交慢行一体化的绿色出行体系。①适应新的城市格局下交通出行日益增长的需求，构建"慢行主导、公交优先、相互衔接"的城市绿色交通出行模式。②优化城市公交场站及线网布局，构建"3+1"公交线网体系，提升公交服务水平，促进公交用地一体化TOD（公交导向型发展，transit oriented development）开发模式。以建设北路、南京路和辽河路为公交廊道，承担城区较大客流，廊道服务公共服务集中区，引导高密度开发区。以横向松花江路干线、钱塘江路干线、长江路干线、邳新路干线、解放路干线，纵向

S270 干线、华山路干线、恒山路干线、福州路干线、岠山路干线，形成"五横五纵"公交干线网，覆盖主要客流走廊。公交支线重点对干线进行补充，覆盖干线盲区，满足短距离出行需求。旅游公交线以老城片区规划旅游集散中心为节点，串联大运河景观道路、银杏大道和特色公园，同时衔接游客中心及客运枢纽，提高游览换乘便利性。③建设贯城、连绿、串水、融田的城市慢行网络，彰显"慢节奏、漫生活"的绿色生活方式。日常性慢行通道以 15 分钟社区生活圈作为慢行系统的关键单元，加密步行通道，强化慢行设施，保障慢行路权，满足绿色生活出行需求。通勤性慢行通道重点布局在市民活动密集区，优化城市道路断面结构，快速路、主干路及次干路等城市干路设置机非物理隔离，拓宽非机动车道宽度、取缔非法占道停车。依托京杭大运河、楚汉文化，打造景观慢行步道，为市民提供舒适步行空间，提升城市宜居品质。

制定差异化交通分区策略，落实分区差别化的交通设施供给，引导绿色出行。公共交通优先发展区，通过保持相对较高的公交线路网密度和公交站点覆盖率，抑制小汽车的使用需求。公共交通与小汽车平衡发展区，通过充分利用良好的道路资源，发展公共交通的同时适当发展小汽车来满足市民的多样化、不同层次的出行需求。小汽车宽松发展区，公交站点覆盖率较低，重点通过机动化出行，提高出行可达性、舒适性及便捷性。聚焦公众出行需求，整合交通出行服务信息，强化交通大数据应用，提高管理效能和决策水平。构建完善的交通指挥控制系统，全面实现交通控制、监控、通信、诱导、信息发布、办公自动化等交通管理相关内容的智能化，为交通参与者提供高水平的出行服务，提高各类交通设施资源的利用率，减少交通的环境负效应。

4.9.2 市政基础设施规划

强化生态环境基础设施空间预控和用地保障，加快形成布局合理、支撑有力、运行高效的生态环境基础设施体系。调整能源结构，构建安全、可靠、绿色、低碳的能源供给体系。以特色化、多元化为原则，开展农村人居环境整治提升工程。根据城镇体系规划和村庄布局规划，形成城乡一体的市政基础设施体系（图 4-26）。

能源结构优化方面，2035 年，邳州市单位国内生产总值能耗、碳排放总量及单位国内生产总值碳排放强度达到国家及江苏省的要求。大力发展可再生能源、清洁能源，充分利用本地太阳能、生物质能等可再生能源，全面优化能源结构，提高风光水能等非化石能源在一次能源消费中的比例。

给水工程方面，规划邳州市采用城乡一体化供水系统，以中运河、骆马湖为常备水源。全市以中运河为界，构建南北两大供水分区，北区由扩建张楼水厂供给；南区由第二水厂供

图 4-26　市域基础设施规划图

给。城区工业用水由扩建邳州经济开发区水厂进行供给。为确保区域供水安全，将南北两区域进行连通，城市与镇村"同水源、同管网、同水质、同服务"。

排水工程方面，完善城镇污水收集与处理系统建设，新建并扩建城镇污水处理设施，统筹城镇污水集中处理。加强农村地区污水收集、处理与资源化，科学合理选用"镇带村""联村""单村"污水处理模式。农村污水处理宜采用小型一体化污水处理技术或生态处理方法。

规划城镇污水处理厂以及村庄小型污水处理设施出水，经排放管线或排污渠将尾水导流至截污导流系统，严禁尾水排入京杭大运河南水北调工程；不能就近排入截污导流系统，应适度提高污水处理厂及污水处理设施建设标准。

电力工程方面，优化电网布局，完善市域电力设施建设。提升可再生能源装机规模及消纳能力，持续推进电能替代工程。落实区域特高压过境线路。在城镇开发边界外弹性预控电力设施用地，以应对未来电力负荷快速增长及新型电网建设发展带来的设施建设需求，为构造坚强电力网架架构提供空间支撑。

通信工程方面，增建通信局所，缩小服务半径。加强光纤通信网建设，提高固话及移动电话普及率。各镇均设电信局所。保护通信传输通道，严禁占用微波通道。移动通信基站实现市域城乡全覆盖。推进邮政设施建设，加强邮政信息网建设，合理布局邮政局所；各镇均设邮政所，各村均设邮箱邮筒，实现村村通邮。促进多网融合，全面加快5G基站等新基建建设，实现5G网络全覆盖。

燃气工程方面，形成以天然气为主、液化石油气为辅的供气格局，进一步优化能源结构；落实天然气长输管线安全保障工作。规划由西气东输冀宁联络线输送至邳州首站（分输站及门站合建站），出高压燃气管道至中心城区和乡镇高中压调压站，为中心城区和乡镇地区供气。燃气管道未覆盖的地区，使用液化石油气供气。保留现状西气东输冀宁联络线、冀宁联络线徐州支线、省沿海输气管道徐州—宿迁—睢宁—盐城支干线、省沿海输气管道连云港—宿迁—徐州支干线以及新增由连云港至徐州的成品油管道；新建由邳州门站至各高中压调压站的高压燃气管道。保证各压力等级输气管线、输油管道满足设计标准及相关防护距离要求，以尽可能保障人员安全。同时，在管线两侧用地开发建设时，必须与输气管道、输油管道管理部门协商安全事宜，保证安全。

供热设施方面，充分发挥现有设施的供热能力；优先采用空气能、地热能等可再生能源作为供热能源。以江苏徐塘发电有限公司、国能邳州生物发电有限公司、沂州科技有限公司作为中心城区集中供热及工业蒸汽供给的热源。以徐州华隆热电有限公司作为官湖镇集中供热及工业蒸汽供给的热源。其他区域考虑采用分散供热方式，充分发挥现有清洁能源锅炉供热能力，同时考虑采用空气源热泵等供热方式。

环卫设施方面，建立健全城乡科学合理的垃圾收集清运及处理体系，多维度提升资源化水平，实现垃圾减量化、无害化、资源化。依托中心城区生活垃圾焚烧发电厂、餐厨垃圾处理厂、厨余垃圾处理厂、可回收物和大件垃圾分拣中心、建筑垃圾消纳场等，建设静脉产业园，统筹全市生活垃圾、餐厨、建筑垃圾等全类别垃圾处理。结合车辐山镇飞灰填埋场设置应急填埋场。结合现状22座镇级垃圾中转站（分类处置中心），完善全域垃圾收运系统建设，提升现有设施服务水平，强化农村环卫基础设施建设用地合法化保障。加强源头垃圾分类，建立全过程垃圾分类收集、运输、处理系统。

4.9.3　城乡公共安全规划

加快建立和健全现代化城市综合防灾减灾体系。完善救灾物资储备仓库、城市生命线工程、城市综合应急救灾指挥中心、疏散基地和应急避难场所等建设，提高城市整体防灾抗毁和救助能力，确保城市安全（图4-27）。

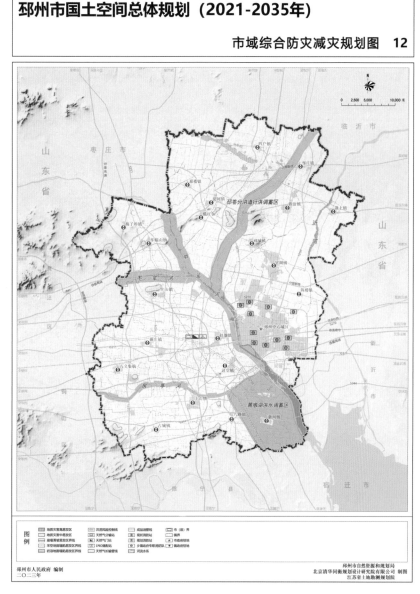

图 4-27　市域综合防灾减灾规划图

地质灾害防治方面，开展地质灾害危险性评估，查明地质灾害的性质、规模、分布、稳定状态、主要诱发因素、影响范围及发展趋势，评估地质灾害对城市建设的影响。对于重要地质灾害隐患点，稳定性差、可能威胁城市安全的崩塌、滑坡、泥石流、石膏矿采空区地面塌陷等地质灾害，采取工程、生态（生物）等措施进行综合治理。

抗震防灾方面，预防为主，切实加强抗震设防要求的管理。一般工程按照Ⅶ—Ⅷ度设防，水厂、污水厂、变电站等重要的生命线工程、重要设施、党政机关、学校、医院、人口密集的公共建筑等重要建筑物及易发生次生灾害的设施应提高一度设防。提升农村民居的抗震能力，在城市更新工程中优先消除危旧房屋和基础设施地震安全隐患。优化地震监测台网布局，提高地震监测预警能力，加强地震观测环境保护。充分利用城市公园绿地、广场和学校操场等作为避震疏散场地，完善相应的应急避难配套设施，统筹安排应急避难所需交通、供水、供电、排污等基础设施建设。应急避难场所按紧急应急避难场所、固定应急避难场所、中心避难场所三个层次进行规划安排和建设。

防洪排涝方面，构建全域防洪排涝体系，加强水系治理及内涝治理。规划完善区域防洪工程体系，对中运河部分不达标堤防进行加高加固，对主要支流的回水段进行加高加固，对已有的挡浪墙进行拆除重建；对邳苍分洪道部分堤防进行截渗，同时采取护坡护岸、拆建阻水建筑物等措施；对沂河进行扩泓，对部分堤防进行加高加固；对城河河道进行疏浚，堤防按照标准进行加高加固。加强黄墩湖洪水调蓄区、邳苍分洪道行洪调蓄区等的建设与管理，加强蓄滞洪区生态修复，建立可靠完备的蓄滞洪区防洪工程、安全设施、生态保护和管理运行体系。划定防洪分区，推动城市防洪治理能力现代化。科学划定洪涝风险控制线，严格落实《江苏省防洪条例》《江苏省水利工程管理条例》等法律法规的相关管控要求。

消防工程方面，打造快速、高效、畅通的消防体系，中心城区设置特勤消防站、训练基地、一级普通消防站，镇设置政府专职消防队，以达到消防力量和对应片区消防需求的相互匹配。消防水源由市政给水管网统一供给。市政消火栓沿道路布置，其间距不应大于120米；针对市政消火栓的缺失、老旧问题予以完善更新，当道路宽度超过60米时，在道路两侧布置消火栓。加强消防通道的建设与管理，消防通道的间距不宜超过160米，宽度不小于4米，净空不小于4米，并尽可能利用城市道路和住宅区道路。

人防工程方面，提高城市总体防护能力，因地制宜地做好城市人防战备建设，建防同步，平战结合。规划警报设施达到每平方千米设置一台，覆盖率达到100%。近期建设邳州市民防（人防、地震）应急指挥中心、地下防空指挥所。加强专业队伍建设，主要专业队伍有抢险抢修专业队、医疗救护专业队、交通运输专业队、通信专业队、消防专业队、防化专业队和治安专业队。

公共卫生安全方面，完善优质、高效的公共卫生服务体系，优化重大疫情防控救治体系，健全公共卫生应急体系。以15分钟社区生活圈为基础构建健康安全防疫单元，实现基层公共卫生服务全覆盖。重点在人员密集的公园、商业综合体及部分镇设置献血屋或流动献血点。适度提高新建医院建设标准，增加开敞空间，在公共场所推广普及 AED（automated external defibrillator，自动体外除颤器），满足紧急医疗救治需要。完善大型公共服务设施、酒店、公园绿地等场所应急能力评估和综合数据管理，按照卫生防疫要求，预先做好场所改造预案和使用规范。强化公共卫生高风险场所的规划管控。按照早发现、早报告、早隔离、早治疗的要求，以新发突发传染病、不明原因群体性疾病为重点，完善传染病监测哨点布局。同步强化公共卫生事件应急管理体系信息化建设。

应急救援方面，完善应急供水系统、应急供电系统、应急广播通信系统、应急垃圾及污水处理设施系统、应急交通系统等生命线应急保障系统的建设，形成对外与区域主要城市间高效连接、对内各城镇间高效连接的网络化空间格局。完善"县—镇"两级救灾物资储备库布局，健全以应急处置装备、救灾物资、生活必需品、医药物资和能源物资等为主体的应急物资储备体系。

安全生产方面，划定邳州经济开发区化工产业园区周边土地规划安全控制线，用于限制周边土地规划建设。同时，必须对化工产业园区内所有重大危险源开展安全风险评估，基于必须采取最为严格防护距离的原则，重大危险源外部安全防护距离超出化工产业园区规划用地边界线的，以重大危险源外部安全防护距离来限制周边土地开发利用。对土地规划安全控制线实行动态管理，在化工产业园区内风险发生重大变化时，应在开展整体性安全风险评估后及时更新化工产业园区周边土地规划安全控制线，提出安全风险控制要求。

第5章　规划实施：探索现代空间治理

5.1　规划管控传导

5.1.1　对乡镇国土空间规划的传导

兼顾"战略与结构引领"及"定量与定界管控"，加强八大方面的规划内容传导。①战略传导即提出镇主体功能定位、城镇职能等，重点突出对各镇的战略性引领。②结构传导即国土空间保护开发格局，是基于要素空间集聚和协同发展需求，指导跨镇协调重点。③指标传导包括耕地保有量、永久基本农田保护面积、生态保护红线面积、城镇开发边界扩展倍数、城镇人口规模等指标。④底线传导包括生态保护红线、永久基本农田、城镇开发边界、历史文化保护线、自然保护地、洪涝风险控制线等控制线。⑤清单传导包括历史文化资源（如文物保护单位、历史建筑、传统村落等）名录、自然保护地名录等，通过突出约束性管控，强化对镇国土空间规划"控制线＋数量"的传导要求（图 5-1）。⑥分区传导包括国土空间规划

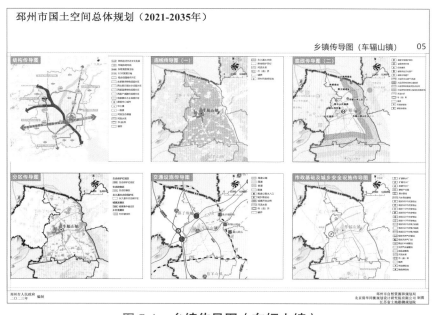

图 5-1　乡镇传导图（车辐山镇）

分区。⑦设施传导包括城乡公共服务设施配置标准、重大交通设施及通道、重大市政设施及廊道等。⑧项目传导包括重点建设项目一览表等，需镇国土空间规划进一步细化深化或补充完善，做好上下协调。

5.1.2　对专项规划的传导

加强专项规划编制清单制管理。组织制定专项规划编制清单，指导各部门做好专项规划编制，完善专项规划编制内容和计划。资源要素类、城市安全、市政公用、公共服务等需要与总规和控规密切衔接、事关民生、有用地需求等的专项作为必编专项规划，抓紧启动并与国土空间总体规划做好衔接。地下空间、5G 基站站址布局等作为按需编制专项，根据邳州实际情况、城乡建设需求和行业发展需求确定规划编制时间和进度。

加强总体规划与各专项规划的衔接。已经批复的涉及空间开发利用的专项规划，符合总体规划目标定位和发展战略的，合理纳入其成果并根据新形势、新政策进行局部调整。正在与国土空间总体规划同步编制的专项规划，应发挥总体规划对专项规划的指导约束作用，保障专项设施所需空间的落实。需要单独编制的涉及空间开发保护利用的相关专项规划，专项规划在总体目标和重点管控内容方面与国土空间规划保持衔接一致，不得突破总体规划的约束性指标和强制性内容。相关专项规划在编制和审查过程中，应加强与有关国土空间规划的衔接；专项规划批复后应纳入邳州国土空间基础信息平台，叠加到国土空间规划"一张图"之中。

5.1.3　对详细规划的传导

划定利于规划实施传导的详细规划单元。详细规划包括城镇开发边界内详细规划、城镇开发边界外村庄规划及风景名胜区详细规划等类型。全域全覆盖划定不同类型的详细规划单元，并按照不同类型空间管控规定编制详细规划。基于全域覆盖、边界闭合、上下贯穿、编管协同的原则，以街道（镇）行政区划为基础，衔接村（社区）范围，统筹国土空间开发保护格局，综合考虑铁路、道路、市政廊道、河流水系、绿带等要素的分割关系，关注景观性道路、河道两侧的协调，充分考虑用地权属、土地储备、成片开发等政策因素，并与 15 分钟社区生活圈设施配置等实施因素相衔接，因地制宜划定规模适宜的详细规划单元（图 5-2）。

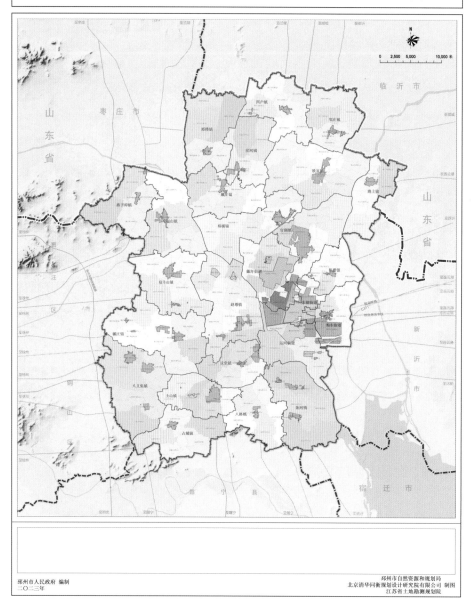

图 5-2　市域详细规划单元划定图

　　完善对详细规划的指导约束机制。位于城镇开发边界内的详细规划，由邳州市自然资源主管部门组织编制，报邳州市人民政府审批；在城镇开发边界外的乡村地区，由镇政府组织编制"多规合一"的实用性村庄规划等，作为详细规划，报上一级政府审批。详细规划要严格落实总体规划确定的强制性内容。其中，城镇开发边界内详细规划应落实总体规划所确定的永久基本农田、生态保护红线、城镇开发边界、城市控制线、开发强度分区等管控传导要求，细化深化用地布局方案，对具体地块用途和开发建设强度等做出实施性安排。

5.2　重点项目落实

5.2.1　承诺事项衔接落实

为落实国家、江苏省有关发展战略，切实保障"十四五"重大基础设施和民生保障项目、重大产业项目建设，2021年1月1日以来，邳州市依据《自然资源部关于做好近期国土空间规划有关工作的通知》（自然资发〔2020〕183号）、《自然资源部关于积极做好用地用海要素保障的通知》（自然资发〔2022〕129号）等文件精神，先后编制了《邳州市国土空间规划近期实施方案》和《2022年度邳州市预支空间规模指标落地上图方案》、3个批次的成片开发方案，报经批准后作为用地审批的依据。

依据自然资源部有关文件和《江苏省自然资源厅关于进一步做好用地用海要素保障的通知》（苏自然资发〔2023〕200号）、《江苏省自然资源厅关于进一步做好近期国土空间规划管理工作的通知》（苏自然资发〔2023〕332号）相关要求，确保依据以上实施方案批准的项目用地全部按规定纳入了邳州市国土空间总体规划城镇发展区、村庄建设区、其他建设区或重点项目清单。

5.2.2　重点项目清单化管理

建立重大工程项目空间保障机制，全面落实江苏省、徐州市和邳州市"十四五"发展规划确定的重点任务，制定交通、水利、能源、电力、环保、民生、生态等重大项目清单，优先保证用地需求，确保"项目跟着规划走、用地跟着用途走"。

根据《江苏省自然资源厅关于进一步做好近期国土空间规划管理工作的通知》，以下建设项目用地视为符合国土空间总体规划：一是城镇建设用地位于城镇开发边界内，县级以上地方人民政府承诺在规划数据库中纳入集中建设区的；二是满足单独选址条件、符合"三区三线"管控要求并且已列入县级以上国土空间总体规划重点建设项目清单，或在县级以上国土空间总体规划中上图的；三是乡村建设项目位于村庄建设区的。

5.3 规划政策保障

5.3.1 完善国土空间规划编制体系

完善邳州市规划编制体系，加快"两级三类"（县级、镇级"两级"，总体规划、详细规划、相关专项规划"三类"）国土空间规划编制工作。制定完善的规划传导机制，确保详细规划、相关专项规划和总体规划的有效衔接。

5.3.2 加强国土空间规划制度建设

制定国土空间规划支撑制度体系。围绕邳州市国土空间规划体系框架，加快各级各类国土空间规划编制审批与实施管理的相关政策法规、技术标准、实施监督等制度建设。

构建监测评估预警机制。将规划监测评估分为"事前""事中"和"事后"三类，建立贯通全程的规划实施机制。加强空间综合体检评估，及时发现空间发展变化趋势，有针对性地制定调整规划实施的政策措施。

健全公众参与机制。建立专家咨询制度，成立具有广泛代表性的专家委员会，加强国土空间规划编制实施的咨询论证。建立健全公众参与制度，增强公众对科学、高效、集约利用国土空间重要性的认识，提高全社会参与规划实施与监督的主动性。

5.3.3 提升国土空间数字化治理水平

搭建国土空间规划基础信息平台。搭建国家、江苏省、徐州市、邳州市纵向贯通、各部门横向协同的国土空间规划监督实施信息平台。嵌入规划监测评估预警系统，实现国土空间大数据和城市运行大数据协同共享共用，支撑规划成果管理和建设项目部门并联审批，逐步建立"可感知、能学习、善治理和自适应"的监督实施智慧治理平台。

建设国土空间规划"一张图"系统。基于国土空间基础信息平台，开发国土空间规划监测评估预警管理系统，建立国土空间大数据体系，形成国土空间全域的数字化表达和信息化底板，实现国土空间数字化成果全域覆盖。

参考文献

[1] 自然资源部国土空间规划局 . 国土空间规划理论探索 [M]. 北京 : 中国地图出版社，2021.

[2] 邳州市大运河文化研究会 . 运河风貌 [M]. 南京 : 江苏凤凰科学技术出版社，2020.

[3] 孟延春，李欣，谷浩 . 新型城镇化视野下城市更新与治理 [M]. 北京 : 清华大学出版社，2023.

[4] 孙爱武 . 苏北高质量发展路径的探索与实践 : 社会治理 [M]. 北京 : 中国矿业大学出版社，2020.

[5] 俞孔坚，李迪华，李海龙 . 京杭大运河国家遗产与生态廊道 [M]. 北京 : 北京大学出版社，2012.

[6] 马佳，万强 . 响应精细动态全过程规划管理机制的北京区级城市体检策略探讨 [J]. 北京规划建设，2022（4）: 76-80.

[7] 向晓琴，高璟 . 实施监测视角下的市级国土空间规划指标评析 [J]. 规划师，2020（3）: 77-84.

[8] 王新哲，钱慧，刘振宇 . 治理视角下县级国土空间总体规划定位研究 [J]. 中国经济和信息化，2020（3）: 65-72.

[9] 厉以宁 . 大运河本体的空间划分与古今运河"一轴两面"保护建设 [J]. 当代社科视野，2021（7）: 2-6.

[10] 周可斌，师浩辰，王世福，等 . 城创融合视角下从工业区到创新街区的更新路径与国际经验 [J]. 国际城市规划，2022（5）: 90-97.

江 苏 省 人 民 政 府

苏政复〔2023〕42号

省政府关于丰县、沛县、
睢宁县、新沂市、邳州市
国土空间总体规划（2021－2035年）的批复

徐州市人民政府：

你市关于丰县、沛县、睢宁县、新沂市、邳州市国土空间总体规划（2021－2035年）的请示（徐政报〔2023〕74、75、76、77、78号）收悉。现批复如下：

一、原则同意《丰县国土空间总体规划（2021－2035年）》《沛县国土空间总体规划（2021－2035年）》《睢宁县国土空间总体规划（2021－2035年）》《新沂市国土空间总体规划（2021－2035年）》《邳州市国土空间总体规划（2021－2035年）》。你市要指导各地认真组织实施，坚持以习近平新时代中国特色社会主义思想为指导，全面贯彻党的二十大精神，认真落实习近平总书记对江苏工作重要讲话重要指示精神，完整、准确、全面贯彻新发展理念，坚持以人民为中心的发展思想，统筹发展和安全，促进人与自然和谐共生，深化实施国家和省重大发展战略，着力将丰县建成苏鲁豫皖交界地区新兴工贸城市、淮海经济区绿色农产品生产基地、富有汉文化底蕴的生态文旅之城，将沛县建成区域综合能源基地、古沛汉风滨湖生态文旅之城、环微山湖区域协同发展示范区，将睢宁县建成淮海经济区空港枢纽、黄河故道生态富民廊道建设先行区、徐州东南部现代产业城市，将新沂市建成淮海经济区现代工业城市、苏鲁接壤地区综合交通枢纽、大运河畔商贸旅游城市，将邳州市建成淮海经济区高质量发展示范市、大运河畔生态宜居幸福城、历史底蕴深厚的现代化中等城市。

二、筑牢安全发展的空间基础。到2035年，丰县耕地保有量不低于115.7561万亩（永久基本农田保护面积不低于106.5902万亩），生态保护红线面积不低于7.6643平方千米，城镇开发边界扩展倍数控制在基于2020年城镇建设用地规模的1.3251倍；沛县耕地保有量不低于110.3702万亩（永久基本农田保护面积不低于101.4900万亩），生态保护红线面积不低于420.9499平方千米，城镇开发边界扩展倍数控制在基于2020年城镇建设用地规模的1.3092倍；睢宁县耕地保有量不低于150.9281万亩（永久基本农田保护面积不低于139.2568万亩，其中，易地代保任务0.2368万亩），生态保护红线面积不低于32.3476平方千米，城镇开发边界扩展倍数控制在基于2020年城镇建设用地规模的1.3529倍；新沂市耕地保有量不低于109.2822万亩（永久基本农田保护面积不低于97.8013万亩），生态保护红线面积不低于131.5356平方千米，城镇开发边界扩展倍数控制在基于2020年城镇建设用地规模的

1.3192倍；邳州市耕地保有量不低于149.8418万亩（永久基本农田保护面积不低于126.3886万亩），生态保护红线面积不低于35.4581平方千米，城镇开发边界扩展倍数控制在基于2020年城镇建设用地规模的1.3216倍。

三、优化国土空间开发保护格局。优化农业空间结构，推动农业安全、绿色、高效发展。加强生态空间的保护和管控，开展生态修复，持续推进生态文明建设。构建等级合理、协调有序的城镇体系，加强城乡融合发展，优化镇村布局，推进宜居宜业和美乡村建设。严守城镇开发边界，严控新增城镇建设用地，做好分阶段时序管控。加大存量用地挖潜力度，推动地上地下空间复合利用，提高土地节约集约利用水平。

四、提升城乡空间品质。优化中心城区空间结构和用地布局，统筹布局教育、文化、体育、医疗、养老等公共服务设施，合理安排居住用地，推进社区生活圈建设。严格城市蓝线、绿线管控，系统建设公共开敞空间，稳步推进城市更新。落实历史文化保护线管理要求，保护好各级文物保护单位及其周围环境，保护和传承非物质文化遗产。强化城市设计、村庄设计，优化城乡空间形态，彰显富有地域特色的城乡风貌。

五、构建现代化基础设施体系。完善城乡各类基础设施建设，提升基础设施保障能力和服务水平。强化与区域重要城市的交通联系，完善城区道路网系统，构建各种交通方式相协调的综合交通运输体系。健全公共安全和综合防灾体系，保障城市生命线稳

— 3 —

定运行，提高城市安全韧性。

六、维护规划严肃性权威性。坚决贯彻党中央、国务院关于"多规合一"改革的决策部署，不在国土空间规划体系之外另设其他空间规划。严格执行规划，任何部门和个人不得随意修改、违规变更。做好规划印发和公开，强化社会监督。坚持一张蓝图干到底，切实提高规划、建设、治理水平。科学编制详细规划、相关专项规划，强化对专项规划的指导约束，确保规划确定的各项目标任务落地落实。建立健全国土空间规划动态监测评估预警和实施监管机制。规划实施中的重大事项要及时请示报告。

江苏省人民政府

2023年11月13日

（此件公开发布）

抄送：省自然资源厅。

规划编制单位简介

邾州市自然资源和规划局是邾州市自然资源和规划领域主管部门,加挂邾州市林业局牌子。邾州市自然资源和规划局贯彻落实党中央关于自然资源和规划及林业工作的方针政策和江苏省委、徐州市委、邾州市委的决策部署,在履行职责过程中坚持和加强党对自然资源和规划、林业工作的集中统一领导。邾州市自然资源和规划局在组织《邾州市国土空间总体规划(2021—2035 年)》编制、开展上下联动、统筹协调中起到了关键作用。

北京清华同衡规划设计研究院有限公司(以下简称"清华同衡")是清华大学下属的以区域城乡发展研究与规划设计咨询、人居环境工程技术研发为主业的全资国企。依托清华大学的综合学科优势,清华同衡基于持续、广泛的国家与地区的经济社会与城乡发展研究及规划实践,积极参与社会治理,为国家部委、各级政府部门、企业等提供研究和咨询服务,努力探索具有中国特色的高校企业型智库的建设之路。清华同衡全面探索国土空间规划理念和方法,推进国土空间规划全流程业务系统整合和主要内容板块技术集成,参与国土空间规划相关技术导则和技术指南编制,广泛联动多个高端智库与平台,为国土空间规划的前瞻性判断和关键技术研究提供全程咨询服务,协同推进"发展规划+空间规划+区域规划+专项规划"编制。先后承接了多项国家级、省级、次区域级、地市级、区县级国土空间规划及专题研究;主要分布于北京、河北、山西、内蒙古、辽宁、吉林、黑龙江、山东、江苏、浙江、安徽、福建、江西、河南、湖北、广西、四川、贵州、陕西、甘肃、青海、新疆等 22 个省区市。

江苏省土地勘测规划院成立于1996 年,是江苏省自然资源厅直属正处级事业单位,具有测绘甲级、土地规划甲级、土地开发整治一级等资质,设立了自然资源部海岸带开发与保护重点实验室、长三角国土生态与土地利用野外科学观测研究站,主要从事国土空间规划与用途管制、耕地保护、节约集约用地用海、国土整治与生态保护修复等相关政策研究、科技研发等。近年来,江苏省土地勘测规划院牵头完成了省级国土空间规划、土地利用规划、沿海地区国土空间规划等 20 余项重大项目的研发,参与了自然资源部、江苏省自然资源厅有关国土空间规划的政策文件、技术指南的研究与制定,荣获国家、省部级以上奖项 30 余项。